Benim Adımla Baba Size Verecektir

Dr. Jaerock Lee

*"Size doğrusunu söyleyeyim,
benim adımla Baba'dan ne dilerseniz, size verecektir.
Şimdiye dek benim adımla bir şey dilemediniz.
Dileyin, alacaksınız. Öyle ki, sevinciniz tam olsun."*
(Yuhanna 16:23-24)

Benim Adımla Baba Size Verecektir Yazar: Dr. Jaerock Lee Urim Kitapları tarafından yayınlanmıştır (Temsilci: Seongnam Vin)
73, Yeouidaebang-ro 22-gil, Dongjak-gu, Seoul, Korea
www.urimbooks.com

Yayınevinin yazılı izni olmadan bu yayının herhangi bir biçimde çoğaltılması, bilgisayar ortamında kullanılması, fotokopi yoluyla dağıtılması veya herhangi bir şekilde (elektronik, mekanik, kayıt) yayınlanması yasaktır.

Aksi belirtilmedikçe, tüm alıntılar Türkçe Kutsal Kitap'tan alınmıştır. Eski Antlaşma © The Bible Society in Turkey, 2001 Yeni Antlaşma © Thre Translation Trust, 1987, 1994, 2001.

Telif Hakkı © 2018 Dr. Jaerock Lee
ISBN: 979-11-263-0423-3   03230
Çeviri Hakkı © 2014 Dr. Esther K. Chung. İzin alınmıştır.

Daha önce Kore dilinde Urim Kitapları tarafından 1992 yılında yayınlanmıştır.

İlk Baskı Temmuz 2018

Editör: Dr. Geumsun Vin
Urim Kitapları Yazı İşleri Ofisi tarafından tasarlanmıştır.
Prione Matbaacılık tarafından basılmıştır
Daha fazla bilgi için: urimbook@hotmail.com

Yayın Üzerine Bir Not

*"Size doğrusunu söyleyeyim,
benim adımla Baba'dan ne dilerseniz, size verecektir"*
(Yuhanna 16:23).

Hristiyanlık, insanların yaşayan Tanrı ile tanıştığı ve İsa Mesih yoluyla O'nun işlerini tecrübe edindiği bir inançtır.

Tanrı, yeri ve göğü yaratan, yaşam, ölüm, lanet ve bereket gibi evrenin tarihini yöneten her-şeye-gücü-yeten Tanrı'dır. Tanrı, Çocukları'nın dualarını kabul eder ve Tanrı'nın çocuklarına yakışır kutsanmış hayatlar sürdürmelerini arzular.

Tanrı'nın gerçek bir çocuğu olan kişi, Tanrı'nın çocuğu olma unvanıyla yetkinlik sahibidir. Bu yetkinlikle her şeyin mümkün olduğu bir yaşam sürer, hiçbir noksanı olmadığını fark eder ve başkalarına karşı hiçbir kıskançlık ve çekememezlik beslemeden kutsamaların tadına varır. Bolluğun, kudretin ve başarının taştığı böylesi bir hayat sürdürerek tüm yaşamı boyunca Tanrı'yı yüceltmelidir.

Bir kişi böyle kutsanmış bir hayatın tadına varmak için, Tanrı'nın yanıtlarında ki ruhani dünyanın yasalarını detaylıca anlamalı ve Tanrı'dan her ne diliyorsa İsa Mesih'in adıyla dilemelidir.

Bu çalışma, özellikle şüphe götürmez bir şekilde her-şeye-gücü-yeten Tanrı'ya inanan ve Tanrı'nın yanıtlarıyla dolu yaşamlar sürdüren tüm inananlara geçmişte verilmiş olan vaazların bir derlemesidir.

Benim Adımla Baba Size Verecektir adlı bu çalışma, tüm okuyucuları Tanrı'nın yanıtlarının dayandığı ruhani dünyanın yasasının farkına varacağı ve onların dualarında diledikleri her şeyi almalarını sağlayacağı bir rehber kitap olması için İsa Mesih'in adıyla dua ediyorum.

Tüm şükran ve yücelik, değerli sözünü taşıyan bu kitabın

yayınlanmasını sağlayan Tanrı'nın olsun! Bu çaba için gayretle çalışan herkese tüm içtenliğimle teşekkürlerimi sunuyorum.

Jaerock Lee

İçindekiler

Benim Adımla Baba Size Verecektir

Yayın Üzerine Bir Not

1. Bölüm
Tanrı'nın Yanıtlarını Almanın Yolları 1

2. Bölüm
Yine de O'ndan Dilemek Zorundayız 13

3. Bölüm
Tanrı'nın Yanıtlarının Bağlı Olduğu Ruhani Yasa 23

4. Bölüm
Günah Duvarını Yıkın   35

5. Bölüm
Ne Ekerseniz Onu Biçersiniz   47

6. Bölüm
İlyas'ın Tanrı'dan Ateşten Yanıt Alması   61

7. Bölüm
Yüreğinizin İsteklerini Yerine Gelmesi   71

1. Bölüm

Tanrı'nın Yanıtlarını Almanın Yolları

Yavrularım, sözle ve dille değil,
eylemle ve içtenlikle sevelim.
Böylelikle gerçeğe ait olduğumuzu bileceğiz
ve yüreğimiz bizi ne zaman suçlarsa,
Tanrı'nın önünde onu yatıştıracağız.
Çünkü Tanrı yüreğimizden daha büyüktür ve her şeyi bilir.
Sevgili kardeşlerim, yüreğimiz bizi suçlamazsa,
Tanrı'nın önünde cesaretimiz olur,
O'ndan ne dilersek alırız. Çünkü O'nun
buyruklarını yerine getiriyor,
O'nu hoşnut eden şeyleri yapıyoruz.

---

1 Yuhanna 3:18-22

Tanrı'nın çocukları için en büyük sevinç kaynaklarından biri, her-şeye-gücü-yeten Tanrı'nın canlı olduğu, dualarına yanıt verdiği ve her şeyde kendilerinin lehine çalıştığı gerçeğidir. Bu gerçeğe inanan insanlar şevkle dua ederler ki Tanrı'dan diledikleri şeyleri alabilsin ve yüreklerinin derinliklerinden Tanrı'yı yüceltebilsinler.

1. Yuhanna 5:14 bize şöyle der: *"Tanrı'nın önünde güvenimiz şu ki, O'nun isteğine uygun ne dilersek bizi işitir."* Bu ayet, Tanrı'nın isteğine uygun dilediğimiz zaman O'ndan dilediğimiz her şeyi alabilme hakkına sahip olduğumuzu bizlere hatırlatır. Bir ebeveyn ne kadar kötü olursa olsun, kendisinden ekmek isteyen oğluna taş ya da balık isteyen evladına yılan vermez. Öyleyse diledikleri zaman Çocuklarına güzel armağanlar vermekten Tanrı'yı alıkoyan nedir?

Matta 15:21-28 ayetlerinde ki Kenanlı kadın İsa'nın huzuruna çıktığında sadece dualarının yanıtını almakla kalmadı ama ayrıca yüreğinin istekleri de ona verildi. Her ne kadar kızı korkunç bir cin çarpmasından acı çekiyor olsa da İsa'dan yine de ona şifa vermesini istedi çünkü inananlar için her şeyin mümkün olduğuna itakadı tamdı. Yahudi ulusundan olmayan ve hiç vazgeçmeden İsa'dan kızına şifa dileyen bu kadın için İsa'nın ne yapmış olduğunu zannediyorsunuz? Yuhanna 16:23 ayetinde, *"O gün bana hiçbir şey sormayacaksınız. Size doğrusunu söyleyeyim, benim adımla Baba'dan ne dilerseniz, size verecektir."* dendiği gibi, kadının imanını gören İsa, onun arzusunu hemen yerine getirerek şöyle dedi: *"Ey kadın, imanın*

büyük! Dilediğin gibi olsun" (Matta 15:28).
Tanrı'nın yanıtları ne harika ve ne hoş!
Eğer yaşayan Tanrı'ya inanırsak, O'ndan dilediğimiz her şeyi alırken Tanrı'yı yüceltmeliyiz. Kitabın birinci bölümünün temel aldığı bu ayetle şimdi Tanrı'nın yanıtlarını alabilme yollarını inceleyelim.

1. Bizleri Yanıtlayacağı Vaadinde Bulunan Tanrı'ya İnanmalıyız

Kutsal Kitap boyunca Tanrı, dualarımızı ve ricalarımızı kesinlikle yanıtlayacağı vaadinde bulunmuştur. Bu sebeple ancak bu vaatten kuşku duymadığımızda Tanrı'dan gayretle diler ve O'ndan dilediğimiz her şeyi alabiliriz.

Çölde Sayım 23:19 ayetinde şu sözleri okuruz: *"Tanrı insan değil ki, Yalan söylesin; İnsan soyundan değil ki, Düşüncesini değiştirsin. O söyler de yapmaz mı? Söz verir de yerine getirmez mi?"* Matta 7:7-8 ayetlerinde Tanrı bize şu vaatte bulunur: *"Dileyin, size verilecek; arayın, bulacaksınız; kapıyı çalın, size açılacaktır. Çünkü her dileyen alır, arayan bulur, kapı çalana açılır."*

Kutsal Kitap'ın başından sonuna kadar Tanrı'nın bu vaadine inandığımızda ve O'nun isteğine uygun dilediğimizde bizi yanıtlayacağı pek çok kez yazılmıştır. Aşağıda ki ayetler buna birkaç örnektir.

"Bunun için size diyorum ki, duayla dilediğiniz her şeyi daha şimdiden almış olduğunuza inanın, dileğiniz yerine gelecektir" (Markos 11:24).

"Eğer bende kalırsanız ve sözlerim sizde kalırsa, ne isterseniz dileyin, size verilecektir" (Yuhanna 15:7).

"Baba Oğul'da yüceltilsin diye, benim adımla dilediğiniz her şeyi yapacağım" (Yuhanna 14:13).

"O zaman beni çağıracak, gelip bana yakaracaksınız. Ben de sizi işiteceğim. Beni arayacaksınız, bütün yüreğinizle arayınca beni bulacaksınız" (Yeremya 29:12-13).

"Sıkıntılı gününde seslen bana, Seni kurtarırım, sen de beni yüceltirsin" (Mezmurlar 50:15).

Tanrı'nın bu gibi vaatleri gerek Eski gerekse Yeni Ahit'te defalarca tekrarlanır. Hatta tek bir vaat olmuş olsaydı bile, o ayete yine sımsıkı sarılır ve yanıtlarını almak için dua ederdik. Ancak bu vaat sayısız kez Kutsal Kitap boyunca tekrarlandığından, Tanrı'nın gerçekten canlı olduğuna ve dün, bugün ve yarında aynı olacağına (İbraniler 13:8) inanmalıyız.

Dahası Kutsal Kitap, Tanrı'ya inanmış, Tanrı'dan dilemiş ve dilediklerinin yanıtını almış pek çok kutsanmış kadın ve erkekten bizlere bahseder. İmanın yolunda gitmeli ve her zaman

Tanrı'dan yanıtları alacağımız yaşamlar sürdürmeliyiz.

İsa, Markos 2:1-12 ayetlerinde ki felçli adama, *"Oğlum, günahların bağışlandı kalk, şilteni topla, evine git!,"* dediğinde, felçli adam ayağa kalktı, şiltesini topladı ve herkesin gözleri önünde yürüyüp gitti. Buna şahit olanlar hayretler içindeydi ve Tanrı'ya övgüler yağdırdılar.

Matta 8:5-13 ayetlerinde bir yüzbaşı, evde felçli yatan ve acılar içinde kıvranan uşağı için İsa'nın huzuruna çıktığında O'na şöyle dedi: *"Yeter ki bir söz söyle, uşağım iyileşir"* (ayet 8) İsa, yüzbaşıya, *"Git, inandığın gibi olsun"* dediğinde, uşak o anda iyileşti (ayet 13).

Markos 1:40-42 ayetlerinde bir cüzamlı, İsa'nın yanına gelerek dizlerinin üzerine çöktü ve şöyle dedi: *"İstersen beni temiz kılabilirsin"* (ayet 40). Yüreği sızlayan İsa, elini uzatıp adama dokundu ve *"İsterim, temiz ol!"* (ayet 41) dedi. Böylece adamın cüzamdan kurtularak şifa bulduğunu okuruz.

Tanrı, İsa Mesih'in adıyla kendisinden dileyen tüm insanların diledikelerini almalarına izin verir. Tanrı ayrıca dualarını kabul edeceği vaadinde bulunan Kendisine, tüm insanların inanmasını, hiç vazgeçmeden ve değişmeyen bir yürekle O'na dua etmelerini ve Kendisinin kutsanmış çocukları olmalarını arzular.

2. Tanrı'nın Yanıtlamadığı Tip Dualar

İnsanlar, Tanrı'nın isteğine göre inandıklarında ve dua ettiklerinde, O'nun sözüne göre yaşadıklarında ve tıpkı bir buğday tohumunun ölüp çok ürün vermesi gibi öldüklerinde, Tanrı, onların yüreklerini ve adayışlarını dikkate alır ve dualarını yanıtlar. Ama eğer dualarına rağmen Tanrı'dan yanıt alamayan bireyler var ise, bunun sebebi ne olabilir? Dua etmelerine rağmen Tanrı'dan yanıt alamayan pek çok insan Kutsal Kitap'ta mevcuttur. İnsanların Tanrı'dan yanıt alamama sebeplerini inceleyerek, O'ndan yanıtları nasıl alabileceğimizi öğrenmeliyiz.

Öncelikle, eğer yüreğimizde ve dualarımızda günaha ev sahipliği yapıyorsak, Tanrı dualarımızı yanıtlamayacağını bizlere bildirir. Mezmurlar 66:18 ayeti bize şöyle der: *"Yüreğimde kötülüğe yer verseydim, Rab beni dinlemezdi."* Ve Yeşaya 59:1-2 ayeti bize şunu hatırlatır: *"Bakın, RAB'bin eli kurtaramayacak kadar kısa, Kulağı duyamayacak kadar sağır değildir. Ama suçlarınız sizi Tanrınız'dan ayırdı. Günahlarınızdan ötürü O'nun yüzünü göremez, Sesinizi işittiremez oldunuz."* Günahlarımız nedeniyle düşman şeytan dualarımızı engelleyeceğinden, havaya çarpan dua asla Tanrı'nın tahtına ulaşmayacaktır.

İkinci olarak, eğer kardeşlerimizle bir anlaşmazlığın ortasındaysak, Tanrı bizi yanıtlamayacaktır. Kardeşlerimizi gönülden bağışlamadığımız (Matta 18:35) takdirde göksel Babamız da bizi bağışlamayacaktır. Dolayısıyla dualarımız ne

Tanrı katına çıkacak ne de yanıt bulacaktır.

Üçüncü olarak, eğer kendi tutkularımızı tatmin için dua ediyorsak, Tanrı dualarımızı kabul etmeyecektir. Eğer O'nun görkemini kaile almaz ama kendi günahkar doğamızın tutkularına göre dua edersek ve O'ndan aldıklarımızı zevk ve sefa için harcarsak, Tanrı bizleri yanıtlamayacaktır (Yakup 4:2-3). Örneğin, itaat eden ve çalışan kızına bir baba her ne zaman isterse harçlık verir. Derslerine çalışmayan itaatsiz bir kıza ise bir baba ya harçlık vermek istemeyecek ya da verdiği harçlığı yanlış şeyler için harcayacağını düşünerek endişe duyacaktır. Tıpkı bu şekilde, bizlerde yanlış motiflerle ve günahkâr doğamızın tutkularını tatmin için bir şey diliyorsak, Tanrı bizi yanıtlamaz çünkü bizleri yıkıma sürükleyen yanlış yollara sapabiliriz.

Dördüncü olarak, putperestler için ne dua etmeli ne de onlar için yakarmalıyız (Yeremya 11:10-11). Tanrı her şeyden çok putlardan tiksindiğinden sadece bu kişilerin ruhlarının kurtuluşu için dua etmemiz gerekir. Onları için yapacağımız başka dua veya ricalar yanıtlanmayacaktır.

Beşinci olarak, Tanrı kuşkularla dolu bir duayı yanıtlamaz çünkü Rab'bimizden ancak imanla ve hiç kuşku duymadan istediğimizde yanıt alırız (Yakup 1:6-7). Eminim ki pek çoğunuz, Tanrı'nın yardımını isteyen insanların tedavisi mümkün olmayan hastalıklardan şifa bulmasına ve çözümü imkânsız görünen sorunlarını çözüme kavuşturduklarına tanık oldunuz. Çünkü

Tanrı bize şöyle demiştir: *"Size doğrusunu söyleyeyim, kim şu dağa, 'Kalk, denize atıl!' der ve yüreğinde kuşku duymadan dediğinin olacağına inanırsa, dileği yerine gelecektir"* (Markos 11:23). Kuşkuyla dolu bir duanın yanıtlanmayacağını ve ancak Tanrı'nın isteğine göre edilen bir duanın inkâr edilemez bir kesinlik kazanacağını bilmek zorundasınız.

Altıncı olarak, eğer Tanrı'nın buyruklarına itaat etmiyorsak, dualarımız yanıt bulmayacaktır. Tanrı'nın buyruklarına itaat ettiğimizde ve O'nu hoşnut eden şeyler yaptığımızda, Kutsal Kitap bizlere Tanrı'nın önünde cesaretimiz olacağını ve O'ndan dilediğimiz her şeyi alacağımızı söyler (1. Yuhanna 3:21-22). Özdeyişler 8:17 ayetinin, *"Beni sevenleri ben de severim, Gayretle arayan beni bulur"* dediği gibi, Tanrı'yı severek O'nun buyruklarına itaat eden (1. Yuhanna 5:3) insanların duası yanıtlanacaktır.

Yedinci olarak, ekmeden Tanrı'nın yanıtlarını alamayız. Galatyalılar 6:7 şöyle der: *"Aldanmayın, Tanrı alaya alınmaz. İnsan ne ekerse onu biçer."* 2. Korintliler 9:6 ise, *"Şunu unutmayın: Az eken az biçer, çok eken çok biçer"* der. Dolayısıyla bir kişi ekmeden biçemez. Eğer bir kişi dua ekiyorsa, ruhu huzur içinde olacaktır. Eğer sunular ekiyorsa, parasal anlamda kutsanacaktır ve eğer eylemleriyle ekiyorsa, iyi bir sağlıkla kutsanacaktır. Kısaca, biçmeyi dilediğiniz şeyi ekmeli ve Tanrı'nın yanıtını almak için de uygun bir şekilde ekmelisiniz.

Yukarıda ki koşullara ek olarak, eğer insanlar İsa Mesih'in

adıyla ya da yürekten dua etmezler veya sürekli mırıldanırlarsa, dualarına yanıt alamayacaklardır. Eşler arasında ki anlaşmazlık (1. Petrus 3:7) veya itaatsizlik, Tanrı'nın yanıtlarını sağlamaz.

Yukarıda sözünü ettiğimiz koşulların, Tanrı ile aramıza bir duvar ördüğünü her zaman aklımızda tutmalıyız. Aksi takdirde yüzünü bizden çevirecek ve dualarımızı kabul etmeyecektir. Bu yüzden önce Tanrı'nın egemenliği ve doğruluğu için çabalamalı, yüreğimizin istekleri için dualarımızda O'na seslenmeli ve sonuna dek sağlam bir imana sıkı sıkı tutunarak Tanrı'nın yanıtlarını almalıyız.

3. Dualarımıza Yanıt Almanın Sırrı

Mesih'te ki yaşamının başlangıç safhasında olan bir kişi ruhani anlamda yeni doğmuş bir bebekten farksızdır ve Tanrı bu kişinin duasını hemen kabul eder. Kişi henüz tüm gerçeği tam olarak bilmediğinden, kürsüden duyurulan vaazın birazını dahi olsa eyleme koyduğunda, Tanrı bu kişiyi tıpkı bir bebeğin süt istemesi gibi yanıtlar ve Tanrı ile tanışmasına öncülük eder. Sürekli olarak gerçeği duydukça ve anladıkça "emekleyen bebek" safhasına doğru gelişir ve gerçeği eyleme döktüğü oranda Tanrı bu kişiyi yanıtlar. Eğer bu kişi ruhani anlamda "çocuk" safhasına erişir ama günah işlemeye devam eder ve söze göre yaşamakta başarısız olursa, Tanrı'nın yanıtlarını alamaz. Bu noktadan sonra Tanrı'nın yanıtlarını kutsallaşmayı başardığı ölçüde alacaktır.

Bu nedenle, yanıt alamayan insanların Tanrı'nın yanıtını alabilmeleri için önce tövbe etmeleri, gittikleri yoldan dönmeleri ve Tanrı'nın sözüne göre yaşadıkları itaatli hayatlar sürdürmeleri gerekir. Yüreklerini böyle kılarak gerçekte yaşadıklarında, Tanrı onları hayretlere düşüren bereketlerle kutsar. Eyüp sadece bir bilgi olarak biriktirdiği imana sahip olduğundan, sınama ve acılar üzerine geldiğinde önce Tanrı'ya yakındı. Tanrı ile tanıştıktan ve yüreğini temiz kılarak tövbe ettikten sonra dostlarını bağışladı ve Tanrı'nın sözüne göre yaşadı. Bunun karşılığında Tanrı, Eyüp'ü önceki durumunun iki katı katında kutsadı (Eyüp 42:5-10).

Yunus, Tanrı'nın sözüne itaatsizliği yüzünden kendisini bir balığın karnında buldu. Ancak dua ve tövbe ettiğinde, imanla ettiği duasıyla şükranlar sunduğunda, RAB balığa buyruk verdi ve balık Yunus'u karaya kustu (Yunus 2:1-10).

Gittiğimiz yoldan dönüp tövbe ettiğimizde, Baba'nın isteğine göre yaşadığımızda, Tanrı'ya inanıp O'na seslendiğimizde, düşman Şeytan ve iblis bir yönden karşınıza çıkar ama yedi yönden kaçar. Doğal olarak hastalıklar, çocuklarınızla veya finansal durumunuzla ilgili sorunlar çözülecektir. Eşinin dini görüşleri yüzünden eziyet çektiren bir koca, iyi ve sıcak bir eşe dönüşecek ve Mesih'in kokusunu yayan huzurlu bir aile, Tanrı'yı çokça yüceltecektir.

Eğer gittiğimiz yoldan dönmüş, tövbe etmiş ve dualarımızın karşılığını Tanrı'dan almışsak, sevincimize tanıklık ederek Tanrı'yı yüceltmeliyiz. Tanıklığımızla Tanrı'yı hoşnut ettiğimizde ve O'nu yücelttiğimizde, Tanrı sadece bu övgüleri almak ve bizden hoşnut olmakla kalmaz ama ayrıca bizlere, "Sizlere ne vereyim?" diye sormak için istekli olur.

Bir annenin oğluna hediye verdiğini ve oğlunun ise hiçbir şekilde minnetini göstermediğini ya da dile getirmediğini farz edin. Bu anne, oğluna başka bir şey vermek istemeyebilir. Ama oğul, hediyeden çok memnun kaldığını gösterir ve annesini hoşnut ederse, anne daha da memnun kalır ve oğluna çok daha fazla hediyeler vermeyi arzular. Aynı şekilde Babamız da çocuklarının dualarının karşılığını almasından hoşnutluk duyar, Tanrı'dan yanıt aldıklarına tanıklık eden ve Tanrı'yı yüceltenleri çok daha fazla armağanlara boğar. Böylece Tanrı'dan olabildiğince çok alırız.

Hepimiz Tanrı'nın isteğine göre dileyelim, O'na olan iman ve adanışımızı gösterelim ve dilediğimiz şeyleri alalım. İnsanoğlu için Tanrı'ya olan iman ve adanışımızı göstermek zor olabilir. Ancak gerçeğin karşısında duran ağır günahlarımızı attığımız, gözlerimizi ebedi göklere sabitlediğimiz, dualarımıza yanıtlar aldığımız ve göksel egemenlikte ödüllerimizi biriktirdiğimizde, yaşamlarımızı şükran ve sevinçle dolduracak ve hayatlarımızı gerçekten değerli kılabileceğiz.

Dahası hayatlarımız daha da kutsanmış olacak çünkü sınama ve acılar bizden uzaklaşacak ve gerçek bir rahatlık, Tanrı'nın rehberliği ve koruması altında hissedilebilecek.

Her birinizin her ne arzuluyorsanız imanla dilemeniz, içtenlikle dua etmeniz, günahla savaşmanız, dilediğiniz her şeyi Tanrı'dan alabilmek için O'nun buyruklarına itaat etmeniz, her adımınızda O'nu hoşnut etmeniz ve Tanrı'yı çokça yüceltmeniz için İsa Mesih'in adıyla dua ediyorum.

2. Bölüm

Yine de O'ndan Dilemek Zorundayız

O zaman kötü yollarınızı, kötü işlerinizi anımsayacaksınız. Günahlarınız, iğrenç uygulamalarınız yüzünden kendinizden tiksineceksiniz. Bunu sizin hatırınız için yapmadığımı iyi bilin. Egemen RAB böyle diyor. Davranışlarınızdan utanın, yüzünüz kızarsın, ey İsrail halkı! "Egemen RAB şöyle diyor: Sizi bütün günahlarınızdan arıttığım gün, kentlerinizde yaşamanızı sağlayacağım; yıkıntılar onarılacak. Gelip geçenlerin gözünde viran olan ülkenin toprakları işlenecek. Şöyle diyecekler: Viran olan bu ülke Aden bahçesi gibi oldu; yıkılıp yerle bir olmuş, kimsesiz kalmış kentler yeniden güçlendiriliyor, içinde oturuluyor. O zaman çevrenizde kalan uluslar yıkılanı yeniden yapanın, çıplak yerleri yeniden dikenin ben RAB olduğumu anlayacaklar. Bunu ben RAB söylüyorum ve dediğimi yapacağım. Egemen RAB şöyle diyor: İsrail halkının benden yine yardım dilemesini sağlayacak ve onlar için şunu yapacağım: Onları bir koyun sürüsü gibi çoğaltacağım."

Hezekiel 36:31-37

Tanrı, Kutsal Kitap'ın altmış altı kitabı boyunca dün, bugün ve sonsuza dek aynıdır (İbraniler 13:8) ve Kutsal Kitap, Tanrı'nın canlı ve faaliyet halinde olduğuna tanıklık eder. Eski ve Yeni Ahit zamanlarında ve günümüzde söze inanan ve itaat edenlerin hepsi için Tanrı, çalışmalarının kanıtlarını bağlılıkla göstermiştir.

Evrende ki her şeyin Yaratıcısı ve yaşamın, ölümün, lanetin ve bereketin Yöneticisi olan Tanrı, Kutsal Kitap'ta bulunan sözlerinin hepsine inandığımız ve itaat ettiğimiz takdirde bizleri "kutsayacağı" vaadinde bulunmuştur (Yasa'nın Tekrarı 28:5-6). Şimdi bu şaşırtıcı ve olağanüstü gerçeğe gerçekten inanırsak neyimiz noksan olur ya da neleri alamayız? Çölde Sayım 23:19 ayeti şöyle der: *"Tanrı insan değil ki, Yalan söylesin; İnsan soyundan değil ki, Düşüncesini değiştirsin. O söyler de yapmaz mı? Söz verir de yerine getirmez mi?"* Tanrı söyler de eylemde bulunmaz mı? Vaat eder de yerine getirmez mi? Dahası İsa'nın bizlere Yuhanna 16:23'de, *"O gün bana hiçbir şey sormayacaksınız. Size doğrusunu söyleyeyim, benim adımla Baba'dan ne dilerseniz, size verecektir"* diyen vaadi gibi, Tanrı'nın çocukları gerçek anlamda kutsanır.

Dolayısıyla, Tanrı'nın çocuklarının Tanrı'dan diledikleri aldıkları hayatlar sürdürmesi ve göksel Baba'larını yüceltmesi doğal bir davranıştır. Öyleyse Hristiyanların büyük bir bölümü neden bu tür hayatlar sürdüremezler? Kitabın ikinci bölümün temel aldığı bu ayetle şimdi Tanrı'nın yanıtlarını her zaman alabilme yollarını inceleyelim.

1. Tanrı Söyleyeceğini Söyledi ve Dediklerini Yapacak Ama Bizlerin Hala O'ndan Dilemeye İhtiyacı Var

Tanrı'nın seçilmişleri olarak İsrail halkı bolca kutsandı. RAB'bin sözünü iyice dinledikleri ve bütün buyruklarına uydukları takdirde, yeryüzündeki bütün uluslardan üstün kılınacakları, onlara saldıran düşmanlarının önlerinde bozguna uğrayacağı ve el attıkları her işte kutsanacakları onlara vaat edildi (Yasa'nın Tekrarı 28:1, 7, 8). Tanrı'nın sözüne uydukları zaman İsrailliler'e bu kutsamalar yağarken, yanlış yolda gittikleri, yasaya itaatsizlik ettikleri ve putlara tapındıkları zaman ise Tanrı'nın öfkesiyle tutsak alındılar ve ülkeleri yıkıldı.

O vakitler Tanrı, İsrailliler'e tövbe ettikleri ve gittikleri kötü yoldan döndükleri takdirde, virane toprakların terbiye edilmesine ve yıkılmış yerlerin tekrar inşa edilmesine izin vereceğini söyledi. Dahası Tanrı şöyle dedi: *"Bunu ben RAB söylüyorum ve dediğimi yapacağım. İsrail halkının benden yine yardım dilemesini sağlayacağım"* (Hezekiel 36:36-37).

Tanrı neden İsrailliler'e dediğini yapacağını ama yinede kendisinden yardım dilemelerini sağlayacağını söyledi?

Her ne kadar Tanrı, bizler henüz dilemeden önce dahi neye ihtiyacımız olduğunu bilse de(Matta 6:8), bizlere ayrıca şöyle demiştir: *"Dileyin, size verilecek ... Çünkü her dileyen alır ... göklerdeki Babanız'ın, kendisinden dileyenlere güzel armağanlar vereceği çok daha kesin değil mi?"* (Matta 7:7-11)

Buna ek olarak, tüm Kutsal Kitap boyunca O'nun yanıtlarını almamız için Kendisinden dilememizi ve O'na yakarmamızı istediğinden (Yeremya 33:3; Yuhanna 14:14), O'nun sözüne gerçekten inanan Tanrı'nın çocukları, "söylüyorum ve dediğimi yapacağım" demiş olmasına rağmen yine de Tanrı'dan dilemelidirler.

Bir tarafta "dediğimi yapacağım" diyen Tanrı'ya inanan, gözlerini O'nda sabitleyen ve Sözüne itaat eden insanlar imanlarına göre Tanrı'nın yanıtlarını alırken, diğer tarafta kuşku duyan, Tanrı'yı test eden, şükran duymak yerine sınama ve acılardan geçerken yakınan, – kısaca Tanrı'nın vaatlerine inanmayan – insanlar, O'nun yanıtlarını da alamayacaklardır. Tanrı'nın "dediğimi yapacağım" vaadine rağmen, bu vaat ancak insanlar dua ve eylemlerinde bu vaade sıkı sıkıya tutunduklarında gerçekleşir. Dilemeyen ama sadece bu vaade sığınarak "Tanrı, dediğimi yapacağım demiştir" diyenlerin imanı olduğu söylenemez. Ayrıca eşlik eden eylemler olmadığından bu kişiler yanıtta alamazlar.

2. Tanrı'nın Yanıtlarını Almayı Dilemeliyiz

Öncelikle, kendinizle Tanrı arasında kalan duvarı yıkmak için dua etmelisiniz.

Daniel, Yeruşalim'in düşmesinden sonra Babil'e tutsak olarak götürüldüğünde, Yeremya'nın peygamberliğini içeren yazılar buldu ve Yeruşalim'in perişanlığının yetmiş yıl süreceğini öğrendi. Daniel'in öğrendiklerine göre, bu yetmiş yıl boyunca İsrail, Babil kralına hizmet edecekti. Ancak yetmiş sene dolduğunda, günahları yüzünden Babil Kralı ve Kildanililer'in toprağı lanetlenecek ve ebediyen perişan olacaklardı. Her ne kadar İsrailliler o zamanlar Babil'de tutsak olsalar da, Daniel için Yeremya'nın yetmiş yılın bitiminde İsrailliler'in bağımsızlığını ve anavatanlarına dönmelerini öngören peygamberliği sevinç ve huzur kaynağıydı.

Ancak Daniel, İsrailli dostlarıyla sevincini çok kolay paylaşabilecekken, bunu yapmadı. Bunun yerine Daniel, çula sarınıp kül içinde oruç tutarak dua etmeye ve dilemeye ant içti. Kendisinin ve İsrailliler'in günahları, suçları, kötülükleri, başkaldırmaları ve Tanrı'nın yasa ve buyruklarından uzaklaştıkları için tövbe etti (Daniel 9:3-19).

Tanrı, peygamber Yeremya aracılığıyla İsrail'in Babil'de ki tutsaklığının nasıl sona ereceğini bildirmemiş, sadece yetmiş yılın bitiminde tutsaklığın biteceğini bildirmişti. Ruhani dünyanın yasasını bildiğinden, Tanrı'nın sözünün yerine gelmesi için öncelikle İsrail ile Tanrı arasında örülen duvarın yıkılması gerektiğini Daniel gayet iyi biliyordu. Böylece Daniel eylemlerin eşlik ettiği imanını gösterdi. Daniel, Tanrı'ya karşı geldikleri ve neticesinde lanetlendikleri için oruç tuttu ve hem kendisi hem de İsrail halkı için tövbe etti. Böylece Tanrı, duvarı yıktı, Daniel'i yanıtladı, İsrailliler'e "yetmiş yedi [haftayı]" verdi ve Daniel'e de başka sırları ifşa etti.

Baba'nın sözüne uygun dileyen Tanrı'nın çocukları olduğumuzdan, günah duvarının yıkılmasının dualarımıza yanıt getireceğini kavramalı ve duvarın yıkımını önceliğimiz yapmalıyız.

İkinci olarak, iman ve itaatle dua etmeliyiz.

Mısır'dan Çıkış 3:6-8 ayetlerinde, Tanrı'nın Mısır'da köleler olan İsrail halkına onları Mısır'dan çıkaracağı, bal ve süt akan Kenan diyarına getireceği vaadini okuruz. Kenan diyarı, Tanrı'nın İsrailliler'e bir mülk olarak vereceği vaat edilmiş topraklardı (Mısır'dan Çıkış 6:8). O toprakları İsrail halkının soyuna vereceği üzerinde ant içmiş ve oraya gitmelerini buyurmuştur (Mısır'dan Çıkış 33:1-3). O topraklar, Tanrı'nın İsrailliler'e orada mevcut tüm putları yıkmalarını buyurduğu, o topraklarda yaşayan insanlarla ve ilahlarla anlaşma yapmamaları konusunda uyardığı vaat edilmiş topraklardır. Böylece İsrailliler, kendileriyle onların tanrıları arasında felakete yol açacak bir durum yaratmamış olacaklardı. Bu, sözlerine her zaman sadık olan Tanrı'nın bir vaadiydi. Öyleyse İsrailliler neden Kenan diyarına giremediler?

İsrail halkı, Tanrı'ya ve O'nun gücüne inançsızlıkla Tanrı'ya söylendi (Çölde Sayım 14:1-3) ve O'na itaatsizlik etti. Böylece Kenan diyarının eşiğine varmalarına rağmen giremediler (Çölde Sayım 14:21-23; İbraniler 3:18-19). Kısaca, her ne kadar Tanrı, Kenan diyarını İsrailliler'e vaat etmiş olsa da, bu vaat, Tanrı'ya inanmadıkları ve O'na itaat etmedikleri sürece bir işe yaramıyordu. Eğer gerçekten inanmış ve itaat etmiş olsalardı, bu vaat kesinlikle yerini bulacaktı. Sonunda, Tanrı'nın sözüne inanan Yeşu ve Kalev ile çölde ki ikinci nesil Kenan diyarına girebildi (Yeşu 14:6-12). İsrail tarihine bakarak, Tanrı'nın yanıtlarını ancak O'nun vaadine güvenerek, itaat ederek ve imanla O'ndan dileyerek alacağımızı aklımızda tutmalıyız.

Musa, Tanrı'nın Kenan diyarı vaadine kesinlikle inanmıştı ama İsrailliler'in Tanrı'nın gücüne inanmaması Musa'nın bile vaat edilmiş topraklara girmesini engellemişti. Tanrı'nın işleri bazen tek bir adamın imanıyla yanıtlanırken, bazen de ilgili herkesin O'nun işlerini güçlendirecek imanlarıyla yanıt bulur. Kenan için Tanrı sadece Musa'nın değil ama tüm İsrailliler'in imanını istedi. Ancak Tanrı, İsrail halkının arasında böyle bir iman bulamadığından, Kenan'a girmelerine izin vermedi. Tanrı, sadece bir kişinin değil ama bir grubun içinde ki tüm insanların imanını aradığında, O'nun yanıtlarını almak için herkesin iman ve itaatle tek yürek dua etmeleri gerektiğini aklınızda tutun.

On iki yıldır kanaması olan bir kadın, İsa'nın giysisine dokunarak şifa bulduğunda, İsa *"Giysilerime kim dokundu?"* diye sordu ve kalabalığın önünde kadının şifa buluşuna tanıklık etmesini sağladı (Markos 5:25-34).

Bir insanın kendi yaşamında tecrübe edindiği Tanrı işlerine tanıklık etmesi, başkalarının imanının gelişmesine, onların güçlenmesine, duayla dileyen ve Tanrı'nın yanıtlarını alan duanın insanlarına dönüşmesine yardımcı olur. İmanla Tanrı'nın yanıtlarını almak, inanmayanların iman sahibi olmalarını, yaşayan Tanrı ile tanışmalarını sağlar ve Tanrı'yı yüceltmenin tam anlamıyla en mükemmel yoludur.

Kutsal Kitap'ta bulunan kutsanmayla ilgili vaatlere inanarak ve itaat ederek ve Tanrı'nın "Bunu ben RAB söylüyorum ve dediğimi yapacağım" vaadine rağmen hala O'ndan dilememiz gerektiğini aklımızda tutarak, O'nun yanıtlarını alalım, O'nun kutsanmış çocukları olalım ve tüm yüreğimizle O'nu yüceltelim.

3. Bölüm

Tanrı'nın Yanıtlarının Bağlı Olduğu Ruhani Yasa

İsa dışarı çıktı,
her zamanki gibi Zeytin Dağı'na gitti.
Öğrenciler de O'nun ardından gittiler.
Oraya varınca İsa onlara, "Dua edin ki ayartılmayasınız" dedi.
Onlardan bir taş atımı kadar uzaklaştı
ve diz çökerek şöyle dua etti: "Baba, senin isteğine uygunsa,
bu kâseyi benden uzaklaştır.
Yine de benim değil, senin istediğin olsun."
Gökten bir melek İsa'ya görünerek O'nu güçlendirdi.
Derin bir acı içinde olan İsa daha hararetle dua etti.
Teri, toprağa düşen kan damlalarını andırıyordu.
İsa duadan kalkıp öğrencilerin yanına
dönünce onları üzüntüden uyumuş buldu.
Onlara, "Niçin uyuyorsunuz?" dedi.
"Kalkıp dua edin ki ayartılmayasınız."

Luka 22:39-46

Tanrı'nın çocukları kurtuluşu ve imanla diledikleri her şeyin yanıtını Tanrı'dan alırlar. Bu sebeple Matta 21:22 ayetlerinde şunu okuruz: *"İmanla dua ederseniz, dilediğiniz her şeyi alırsınız."*

Buna rağmen pek çok insan dua ettikten sonra neden Tanrı'nın yanıtlarını alamadıklarını merak eder, dualarının Tanrı'ya erişip erişmediğini sorgular veya Tanrı'nın dualarını duymuş olup olmadığı konusunda kuşku duyarlar.

Nasıl varmak istediğimiz yere problemsiz bir seyehat için doğru yöntem ve yolları bilmeye gereksinimiz var ise, duanın da doğru yöntem ve yollarını bildiğimizde Tanrı'dan kısa zaman zarfında yanıt alabiliriz. Salt dua Tanrı'nın yanıtlarını garantilemez. O'nun yanıtlarında ki ruhani dünyanın yasalarını bilmeye ve bu yasaya göre dua etmeye gereksinimiz vardır.

Şimdi Tanrı'nın yanıtlarında ki ruhani dünyanın yasasını ve yasanın yedi ruh ile ilişkisini inceleyelim.

1. Tanrı'nın Yanıtlarında ki Ruhani Dünyanın Yasası

Dua, her-şeye-gücü-yeten Tanrı'dan arzu ettiklerimizi ve ihtiyaç duyduklarımızı dilemek olduğundan, O'ndan yanıtları ancak ruhani dünyanın yasasına uygun dilediğimiz takdirde alırız. Bir insanın düşüncelerine, yöntemlerine, ününe ya da bilgisine dayanan çabanın büyüklüğü ya da derecesi ne kadar olursa olsun, kendisine Tanrı'nın yanıtlarını getirmeyecektir.

Tanrı adil bir yargıç olduğundan (Mezmurlar 7:11), dualarımızı duyup yanıtladığından, bizlerden yanıtlarına yakışır olmamızı ister. Tanrı'nın dualarımıza yanıtı, kasaptan et almaya benzer. Eğer kasabın Tanrı olduğunu düşünecek olursak, kullandığı terazi ister bir kişi yanıt alsın ya da almasın, Tanrı'nın ruhani dünyanın yasasına göre ölçüp biçtiği bir araç olur.

Farz edin ki bir kilo et almak için kasaba gittik. Kasaptan ihtiyaç duyduğumuz miktarda et istediğimizde, kasap eti tartar ve koyduğu etin bir kilo edip etmediğini kontrol eder. Eğer terazide ki et bir kilo ederse, Kasap bizden etin ücretini alır, onu paketler ve bize verir.

Tıpkı kasabın yaptığı gibi Tanrı'da dualarımızın yanıtına karşılık bizden O'nun yanıtlarını garantileyen bir şeyi mutlaka alır. Bu, Tanrı'nın yanıtlarında ki ruhani dünyanın yasasıdır.

Tanrı, dualarımızı duyduğundan, bizlerden yanıtlarını garantileyen değerde bir şey bekler ve öyle yanıtlar. Eğer bir kişi dualarının karşılığını henüz Tanrı'dan almamış ise, bunun nedeni O'nun yanıtlarını garantileyen değerde bir birikimi olamamasındandır. Tanrı'nın yanıtlarını alabilmek için gerekli olan miktar, kişilerin ettiği duanın içeriğine bağlı olduğundan, Tanrı'nın yanıtlarını alabileceği imana ulaşana dek dua etmeli ve gerekli miktarı biriktirmelidir. Bizler, Tanrı'nın bizden istediği uygun miktarı her ne kadar bilmesek te, O, bilir. Bu yüzden Kutsal Ruh'un sesine dikkat kesilerek, bazı şeyleri oruç tutarak, bazı şeyleri adak tutup geceleri dua ederek, bazılarını gözyaşları içinde yakararak ve yine bazılarını şükran sunuları sunarak Tanrı'dan istemeliyiz. Bu tür eylemler, Tanrı'dan yanıtlar alabilmek için gerekli yekünü biriktirir ve böylece inanabildiğimiz imanı Tanrı bize verir ve Yanıtlarıyla bizleri kutsar.

Hatta iki kişi bir araya gelse ve belli bir süre birlikte dua etmek için adakta bulunsa bile, biri diğerine nazaran hızla yanıt alırken, öteki adak duasının gelip geçmesine rağmen Tanrı'nın yanıtlarını almaz. Bu uyumsuzluğu nasıl açıklarız?

    Tanrı bilge olduğundan ve planlarını önceden yaptığından, bir kişinin adak süresinin bitimine dek duaya devam edecek bir yüreğe sahip olduğunu düşünürse, o kişinin duasını hemen yanıtlar. Ancak bir kişi şu anda karşı karşıya kaldığı bir sorun yüzünden Tanrı'nın yanıtlarını alamıyorsa, bunun nedeni Tanrı'dan bütünüyle uygun bir birikimle istememiş olmasındandır. Belli bir süre için adak duası edeceksek, Tanrı'nın yüreklerimizi O'nun yanıtlarını almak için uygun yekünü biriktirmek üzere yönlendirdiğini bilmeliyiz. Dolayısıyla, eğer bu yekünü toplamakta başarısız kalırsak, Tanrı'nın yanıtlarını da alamayız.

    Örneğin eğer bir adam müstakbel eşi için dua ediyorsa, Tanrı bu adam için uygun bir gelin arar ve hazırlar. Böylece her işte adamın iyiliği için çalışır. Bu, sırf bir kişi dua etti diye, henüz evlenme çağına gelmemesine rağmen karşısına uygun bir gelinin bir anda çıkacağı anlamına gelmez. Tanrı, yanıtlarını aldıklarına inananların dualarını çoktan yanıtlamış olduğundan, Kendi seçtiği vakit onlara işlerini gösterecektir. Ancak bir kişinin duası, Tanrı'nın isteğiyle aynı çizgide değilse, duanın miktarı ne kadar olursa olsun Tanrı'nın yanıtlarını garantilemez. Eğer adam müstakbel eşinde eğitim, görünüş, zenginlik, ün ve bunun gibi dış özellikler arıyor ve bunlar için dua ediyorsa, yani eğer duaları benliğin çerçevesinde ki açgözlülükle dolu ise, Tanrı bu adamı yanıtlamaz.

Hatta iki kişi aynı sorun için Tanrı'ya bir arada dua etse bile, onların kutsallaşma derecesi ve tamamen inandıkları iman ölçüsü farklı olduğundan, Tanrı'nın kabul ettiği dua miktarı da farklıdır (Vahiy 5:8). Bir kişi duasına yanıtı bir ayda alırken, diğeri bir günde alır.

Dahası, Tanrı'nın bir kişinin duasına yanıtı ne kadar büyükse, o kişinin ettiği dua da o kadar büyüktür. Ruhani dünyanın yasasına göre büyük bir kabın test edilmesi daha büyük olacaktır ve bir altına dönüşecektir. Oysa küçük kapların test edilmesi de küçük olacak ve Tanrı tarafından kullanılacaklardır. Dolayısıyla kimse kimseyi yargılamamalı, "Tüm sadakatine rağmen çektiği şu zorluklara bak!" dememeli ve Tanrı'yı hiçbir şekilde hayal kırıklığına uğratmamalıdır. İmanda ki atalarımız arasında olan Musa, tam 40 yıl ve Yakup ise 20 yıl test edilmiştir. Hepimiz onların her birinin Tanrı'nın nazarında nasıl uygun kaplara dönüştüğünü ve bireysel sınamalarına katlanarak Tanrı'nın yüce amaçları için kullanıldıklarını biliyoruz. Milli bir futbol takımının kuruluş ve eğitim süreçlerini düşünün. Eğer bir futbolcunun yetenekleri adının listede yer almasına değiyorsa, ancak eğitimine yatırılan belli bir zaman ve çabadan sonra ülkesini temsil edebilir.

Tanrı'dan dilediğimiz yanıt ister büyük ister ise küçük olsun, O'nun yanıtlarını alabilmek için yüreğine tesir edebilmeliyiz. Dilediğimizi almak için dua ettiğimizde Tanrı duygulanır ve

O'na dualarımızın uygun bir birikimini sunduğumuzda, O'nunla aramızda hiçbir günah duvarı bırakmamak üzere yüreklerimizi temizlediğimizde ve imanımızın bir göstergesi olarak O'na şükranlarımızı, sevincimizi ve sunularımızı sunduğumuzda bizleri yanıtlar.

2. Ruhani Dünyanın Yasası ile Yedi Ruh Arasında ki İlişki

Yukarıda incelediğimiz kasap ile terazisi benzetmesi gibi, Tanrı, ruhani dünyanın yasasına göre her bireyin duasının miktarını hatasız ölçer ve dua eden kişinin uygun miktarda dua biriktirip biriktirmediğini belirler. İnsanların pek çoğu belli bir nesneyle ilgili yargıya sadece çıplak gözleriyle gördüklerine dayanarak varırken, Tanrı doğru bir değerlendirmeyi yedi ruhla yapar (Vahiy 5:6). Diğer bir deyişle, bir kişi yedi ruha göre yetkin ilan edilirse, dualarına Tanrı'nın yanıtlarını alır.

Yedi ruh neyi ölçer?

İlk olarak, yedi ruh bir kişinin imanını ölçer.
İki çeşit iman vardır: "Ruhani iman" ve "benliğin imanı." Yedi ruhun ölçtüğü iman, bilgi olarak var olan benliğin imanı değil ama canlı ve eylemlerin eşlik ettiği ruhani imandır (Yakup 2:22). Örneğin, dilsiz bir ruha tutulmuş oğla sahip bir baba, İsa'nın huzuruna geldi (Markos 9:17). "İman ediyorum,

imansızlığımı yenmeme yardım et!" diye seslendi. "İman ediyorum" diyerek benliğin imanına sahip olduğunu itiraf edip İsa'dan ruhani imanı istediğinde, İsa babayı hemen yanıtladı ve oğluna şifa verdi (Markos 9:18-27).

İman olmadan Tanrı'yı hoşnut etmek olanaksızdır (İbraniler 11:6). Yüreklerimizin isteklerine ancak Tanrı'yı hoşnut ettiğimizde erişeceğimizden, Tanrı'yı hoşnut eden bir imanla yüreklerimizin isteklerine kavuşabiliriz. Bu nedenle, bize "inandığın gibi olsun," demiş olmasına rağmen Tanrı'nın yanıtlarını alamıyorsak, imanımızın henüz tam bir iman olmadığı ortadır.

İkinci olarak, yedi ruh bir kişinin sevincini ölçer.

1. Selanikliler 5:16 bize her zaman sevinmemizi söyler çünkü her daim sevinmemiz Tanrı'nın bir isteğidir. Zor zamanlarda sevinmek yerine, günümüzde pek çok Hrıstiyan kendilerini endişe, korku ve kaygı içinde bulurlar. Eğer gerçekten tüm yürekleriyle yaşayan Tanrı'ya inansalardı, içinde buldukları durum her ne olursa olsun her zaman sevinç içinde olurlardı. Böyleleri, kısa süre içinde gelip geçecek bu dünya için değil ama ebedi göksel egemenlik için besledikleri coşku dolu bir umutla sevinç içinde olurlar.

Üçüncü olarak, yedi ruh bir kişinin duasını ölçer.

Tanrı bize sürekli dua etmemizi (1. Selanikliler 5:17) söylediğinden ve dileyene verileceğini (Matta 7:7) vaat ettiğinden, dualarımızla dilediklerimizi almamız anlaşılabilir. Tanrı'nın hoşnut olduğu dua, alışkanlık haline getirilen (Luka 22:39) ve

Tanrı'nın isteğine uygun bir çizgide dizlerin üzerine çökerek edilen duadır. Böyle bir duruş ve postürle, doğal olarak tüm yüreğinizle Tanrı'ya seslenebileceksiniz. Dualarınız ise imanın ve sevginin duası olacaktır. Tanrı böyle bir duayı arar. Sadece bir şey istediğimizde ve üzgün olduğumuzda dua etmemeliyiz. Dualarımızda mırıldanmamalı ama Tanrı'nın isteğine uygun (Luka 22:39-41) dua etmeliyiz.

Dördüncü olarak, yedi ruh bir kişinin şükranını ölçer.

Tanrı bizlere her zaman şükretmemizi (1. Selanikliler 5:18) buyurduğundan, imanlı olan biri doğal olarak her şey için yürekten şükreder. Tanrı bizleri yıkım yolundan sonsuz yaşam yoluna taşıdığından, nasıl şükran duymayız? Tanrı'yı içtenlikle arayanların O'nu bulmasına ve Tanrı'dan dileyenlerin O'nun yanıtlarını almasına şükretmeliyiz. Dahası, dünyada ki şu kısa yaşamamızda zorluklarla yüzleşsek bile, umutlarımız ebedi göklerde olduğundan şükretmeliyiz.

Beşinci olarak, yedi ruh kişilerin Tanrı'nın buyruklarını tutup tutmadıklarını ölçer.

1. Yuhanna 5:2 bize şöyle der: *"Tanrı'yı sevip buyruklarını yerine getirmekle, Tanrı'nın çocuklarını sevdiğimizi anlarız."* Ve ardından gelen ayet, O'nun buyruklarının ağır olmadığını bizlere hatırlatır. Bir kişinin alışkanlık halinde dizlerinin üzerine çökerek Tanrı'ya dua etmesi, o kişinin imanından gelen sevgi duasıdır. Tanrı'ya olan imanı ve sevgisiyle, bu kişi Tanrı'nın isteğine uygun dua edecektir.

Ancak pek çok insan, Kutsal Kitap kendilerine "doğu"ya gitmelerini söylerken batıya yönelir ve akabinde Tanrı'nın yanıtlarını alamamaktan yakınırlar. Tüm yapmaları gereken, Kutsal Kitap'ın kendilerine söylediklerine inanmak ve itaat etmektir. Tanrı'nın sözlerini bir kenara atmakta hızlı olduklarından, her durumu kendi düşünce ve teorilerine uygun değerlendirdiklerinden ve kendi çıkarları için dua ettiklerinden, Tanrı, yüzünü onlardan çevirir ve onları yanıtlamaz. Farz edin ki arkadaşınızla New York tren istasyonunda buluşmayı kararlaştırdınız ama tren yerine otobüsle gitmeye karar verdiniz ve New York'a otobüsle gittiniz. Tren istasyonunda ne kadar beklerseniz bekleyin, arkadaşınızla buluşabilecek misiniz? Tanrı size, "doğuya gidin" derken batıya giderseniz, O'nun buyruklarına uyduğunuz söylenemez. Ancak pek çok Hristiyanın böylesi bir imana sahip olduğunu görmek trajik ve yürek burkucudur. Bu ne iman ne de sevgidir. Eğer Tanrı'yı sevdiğimizi söylüyorsak, O'nun buyruklarını tutmak bizim için sadece doğal bir durumdur (Yuhanna 14:15; 1. Yuhanna 5:3).

Tanrı'ya olan sevginiz, sizi daha gayretli ve coşkulu dua etmeye sevk edecektir. Bu da akabinde canların kurtuluşu ve Hristiyanlaşması, Tanrı'nın egemenliği ve doğruluğu için meyve verecektir. Gönlünüz huzur içinde olacak ve duanın gücünü de alacaksınız. Tanrı'dan yanıt aldığınız ve O'nu yücelttiğiniz için ve tüm bunların göklerde ödüllendirileceğine inandığınız için, şükran içinde olacak ve bezgin düşmeyeceksiniz. Dolayısıyla, eğer Tanrı'ya olan inancımızı dile getiriyorsak, Kutsal Kitap'ta ki altmış altı kitabın özü olan On Emre itaat etmek bizim için sadece doğal bir durumdur.

Altıncı olarak, yedi ruh bir kişinin güvenilirliğini ölçer.
Tanrı bizlerin sadece belli bir alanda değil ama O'nun evinde bütünüyle güvenilir olmamızı ister. 1. Korintliler 4:2'de, *"Kâhyada aranan başlıca nitelik güvenilir olmasıdır."* yazıldığı gibi, Tanrı tarafından vazifelendirilenlerin her işte güvenilir bulunmaları ve çevrelerinde ki insanlar tarafından güvenilir sayılmaları için Tanrı'dan kendilerini güçlendirmesini dilemeleri uygun düşer. Bunun yanı sıra, evde ve işyerinde güvenilir olmayı dilemeleri gerekir. İçinde yer aldıkları her işte güvenilir olma mücadelesi verirken, güvenilirlikleri gerçeğin ruhunda başarılmalıdır.

Yedinci ve son olarak, yedi ruh bir kişinin sevgisini ölçer.
Bir kişi yukarıda sayılan altı maddeyi gerçekleştirse de, Tanrı bizlere "sevgimiz" yok ise, ses çıkaran zilden farkımız olmadığını ve iman, umut ve sevgi arasında ki en büyük şeyin sevgi olduğunu söyler. Dahası, İsa yasayı sevgiyle tamamlamıştır (Romalılar 13:10) ve O'nun çocuklarının birbirlerini sevmesi ancak doğrudur.

Dualarımıza Tanrı'nın yanıtlarını alabilmek için, öncelikle yedi ruhun ölçümünden başarıyla geçmeliyiz. Bu, henüz gerçeği bilmeyen yeni inananların Tanrı'nın yanıtlarını alamayacağı anlamına mı gelir?

Farz edin ki henüz konuşamayan bir bebek bir gün gayet net "Anne!" diyebilsin. Bu durumdan ebeveynler öylesine mutlu olurlardı ki çocuğa istediği her şeyi verirlerdi.

İmanın farklı seviyeleri olduğundan, yedi ruh her birini ölçer ve buna uygun yanıtlar. Tanrı, iman yolunda henüz yeni birinin imanını göstermesinden duygulanır ve onu yanıtlamaktan hoşnutluk duyar. Aynı şekilde imanın ikinci veya üçüncü seviyesinde olanların kendi iman ölçülerine uygun birikimlerinden dolayı da duygulanır ve onları yanıtlamaktan hoşnutluk duyar. İmanın dördüncü veya beşinci seviyesinde yaşayanlar, Tanrı'nın isteğine uygun yaşamlar sürdürdükçe ve O'na çok daha yakışır bir şekilde dua ettikçe, yedi ruhun gözünde anında yetkinlik elde eder ve Tanrı'dan yanıtlarını çok daha hızlı alırlar.

Kısaca, kişinin kendisini bulduğu iman seviyesi ne kadar yüksek –yani ruhani dünyanın yasasından ne kadar haberdar ve ona uygun yaşıyorsa – ise, o kişi o kadar çabuk Tanrı'dan yanıt alır. Peki, hangi sebeple yeni inananlar Tanrı'dan yanıtları çok çabuk alırlar? Tanrı'dan aldığı lütufla yeni inanan biri Kutsal Ruh ile dolar, yedi ruhun nazarında yetkinlik elde eder ve böylece Tanrı'dan yanıtları çok çabuk alır.

Ancak gerçeğin derinlerine indikçe tembelleşir, gitgide bir zamanlar sahip olduğu şevk soğur ve o ilk sevgiyi kaybeder. Böylece "uyduruk bir gayret" eğilimi gelişir.

Tanrı için olan gayretimizde, coşkuyla ve gerçekte yaşayarak yedi ruhun katında uygun olalım, dualarımızda Baba'mızdan dilediğimiz her şeyin yanıtını alalım ve O'nu yüceltebileceğimiz kutsanmış yaşamlar sürdürebilelim.

4. Bölüm

Günah Duvarını Yıkın

Bakın, RAB'bin eli kurtaramayacak kadar kısa,
Kulağı duyamayacak kadar sağır değildir.
Ama suçlarınız sizi Tanrınız'dan ayırdı.
Günahlarınızdan ötürü O'nun yüzünü göremez,
Sesinizi işittiremez oldunuz.

Yeşaya 59:1-2

Çocuklarına, Matta 7:7-8 ayetlerinde Tanrı, *"Dileyin, size verilecek; arayın, bulacaksınız; kapıyı çalın, size açılacaktır. Çünkü her dileyen alır, arayan bulur, kapı çalana açılır"* der ve dualarını yanıtlayacağı vaadinde bulunur. Neden pek çok insan, Tanrı'nın bu vaadine rağmen dualarına yanıt alamazlar?

Tanrı, günah işleyenlerin duasını işitmez ve yüzünü onlardan çevirir. Ayrıca Tanrı'ya giden yolun ortasında duran günah duvarına sahip insanlarında dualarına yanıt vermez. Bu sebeple iyi bir sağlığın tadına varmamız ve gönül rahatlığıyla her şeyin bizler için yolunda gitmesi için, Tanrı'ya giden yolumuzda engel teşkil eden günah duvarını yıkmamız önceliğimiz olmalıdır.

Günah duvarının inşa edilmesini sağlayan çeşitli unsurları keşfederek, eğer Tanrı ile aranızda bir günah duvarı varsa her birinizin tövbe ederek Tanrı'nın kutsanmış çocukları olmaya, dualarınızda Tanrı'dan dilediğiniz her şeyin yanıtını almaya ve O'nu yüceltmeye davet ediyorum.

1. Tanrı'ya olan İnançsızlığınızın ve Rab'be Kurtarıcınız olarak İman Etmemenizin Günah Duvarını yıkın

Kutsal Kitap, Tanrı'ya inanmamanın ve İsa Mesih'e Kurtarıcı olarak iman etmemenin günah olduğunu söyler (Yuhanna 16:9). Pek çok insan, "Ben günahsızım çünkü iyi bir hayat sürdürdüm" der ama günahın doğasını bilmediklerinden ruhani bir cehalet sonucu bu tür ifadeleri kullanırlar. Tanrı'nın sözü yüreklerinde olmadığından, bu bireyler gerçek doğru ile gerçek yanlış arasında ki farkı bilmez ve iyi ile kötüyü ayırt edemezler. Dahası, bu dünyanın kaideleri onlara, "Sen kötü değilsin" diyorsa, koşulsuz olarak gerçek doğruluğu bilmeden kendilerinin iyi olduğunu söylerler. Bir kişi ne kadar iyi bir hayat sürdürmüş olduğuna inanırsa inansın, İsa Mesih'e iman ettikten sonra Tanrı Sözü'nün ışığı altında geçmiş hayatına dönüp baktığında, hayatının hiçte "iyi" geçmiş olmadığını keşfeder. Çünkü Tanrı'ya inanmamanın ve İsa Mesih'e iman etmemenin, günahların en büyüğü olduğunun farkına varır. Tanrı, İsa Mesih'e iman edenlerin ve Tanrı'nın vaadine uygun dua eden Çocuklarının dualarını yanıtlamak zorundadır.

Tanrı'nın çocuklarının – Tanrı'ya inanan ve İsa Mesih'in Kurtarıcıları olduğuna iman eden – dualarına yanıt alamamalarının nedeni, kendi kötülüklerinden doğan bir duvarın, Tanrı ile aralarında var olduğunu bir türlü kavrayamamalarıdır. Bu sebeple, oruç tutsalar ve gece boyunca dua etseler bile, Tanrı yüzünü onlardan çevirir ve dualarını yanıtlamaz.

2. Düşüşün Günahını Yıkarak Birbirinizi Sevin

Tanrı, Çocuklarının birbirlerini sevmelerinin doğal bir durum olduğunu söyler (1. Yuhanna 4:11). Ayrıca düşmanlarımızı bile sevmemizi söylediğinden (Matta 5:44), kardeşlerimizi sevmek yerine onlardan nefret etmemiz, Tanrı'nın sözüne itaatsizlik etmektir ve dolayısıyla bir günahtır.

İsa Mesih, günaha ve kötülüğe tutsak insanlığa olan

sevgisini çarmıha gerilerek gösterdiğinden, anne-babalarımızı, kardeşlerimizi ve çocuklarımızı sevmemiz gerçeğe uygundur. Ancak Tanrı'nın huzurunda nefret ve birbirini bağışlamakta gönülsüzlük gibi boş hisleri barındırmak ağır bir günahtır. Tanrı, insanları günahlarından kurtarmak için çarmıhta ölen İsa'nın sevgisini Kendisine göstermemizi buyurmamıştır. Bizlerden nefretimizi diğerlerini bağışlamak için değiştirmemizi istemiştir. Öyleyse bu neden bu kadar zordur?

Tanrı, kardeşinden nefret edenin "katil" olduğunu söyler (1. Yuhanna 3:15) ve eğer her birimiz kardeşini gönülden bağışlamazsa, göksel Babamız da bize öyle davranacaktır (Matta 18:35). Tanrı, bizleri sevgi beslemeye ve yargılanmamak için birbirimize karşı homurdanmamaya teşvik eder (Yakup 5:9).

Bizleri geçmişin, bugünün ve geleceğin günahlarından çarmıha gerilerek kurtaran İsa Mesih'in sevgisiyle, O'nun huzurunda tövbe ettiğimizde, gittiğimiz yoldan döndüğümüzde ve O'nun tarafından bağışlandığımızda Kutsal Ruh içimizde yaşandığından tüm insanları sevebiliriz. Bu dünyanın insanları İsa Mesih'e inanmadığından, tövbe etseler de onlar için bağışlanma yoktur ve Kutsal Ruh'un rehberliği olmadan birbirleriyle gerçek sevgiyi paylaşamazlar.

Kardeşiniz sizden nefret etse bile, gerçekle doğrulmuş bir yüreğe sahip olarak onu anlamalı, bağışlamalı ve sevgiyle onun için dua etmelisiniz ki sizde bir günahkâr olmayasınız. Sevmek yerine kardeşlerimizden nefret edersek, Tanrı'nın huzurunda günah işlemiş, Kutsal Ruh'un doygunluğunu kaybetmiş, tüm günlerimizi yas tutarak geçiren sefil ve budala kişiler olacağız. Dolayısıyla Tanrı'dan dualarımıza yanıt vermesini beklememeliyiz.

Ancak Kutsal Ruh'un yardımıyla sevebilir, anlayabilir, kardeşlerimizi bağışlayabilir ve dualarımızda Tanrı'dan dilediğimiz her şeyin yanıtını alabiliriz.

3. Tanrı'nın Buyruklarına İtaatsizliğin Günah Duvarını Yıkma

Yuhanna 14:21'de İsa bizlere şöyle der: *"Kim buyruklarımı bilir ve yerine getirirse, işte beni seven odur. Beni seveni Babam da sevecektir. Ben de onu seveceğim ve kendimi ona göstereceğim."* Bu sebeple 1. Yuhanna 3:21 bize şöyle der: *"Sevgili kardeşlerim, yüreğimiz bizi suçlamazsa, Tanrı'nın önünde cesaretimiz olur."* Diğer bir deyişle, eğer günah duvarı Tanrı'nın buyruklarına itaatsizliğimizden dolayı meydana gelmiş ise, dualarımıza Tanrı'dan yanıt alamayız. Tanrı'nın çocukları ancak Baba'nın buyruklarına itaat ettiğinde ve O'nu hoşnut eden şeyler yaptığında, Tanrı'nın önünde cesaretle diler ve dilediklerinin de yanıtını alırlar.

1. Yuhanna 3:24 bize şunu hatırlatır: *"Tanrı'nın buyruklarını yerine getiren Tanrı'da yaşar, Tanrı da o kişide yaşar. İçimizde yaşadığını bize verdiği Ruh sayesinde biliriz."* Burada, bir kişinin Rab'be adadığı yüreği sadece gerçekle dolu olduğunda ve Kutsal Ruh'un rehberliğinde yaşadığında, o kişinin Tanrı'dan dilediği her şeyin yanıtını alacağı ve her şekilde başarılı bir yaşam

sürdüreceği vurgulanır.

Örneğin bir kişinin yüreğinde yüz bölüm olsa ve yüzünü de Rab'be verseydi, o kişinin ruhu huzur içinde olur ve hayatında her şeyi yoluna sokan kutsamaları alırdı. Ama aynı kişi yüreğinden elli bölümü Tanrı'ya verse ve diğer elli bölümü kendisi için kullansaydı, her zaman Tanrı'dan yanıt alamazdı çünkü Kutsal Ruh'un rehberliğinin yarısını alırken, diğer yarısıyla kendi düşüncelerine ve benliğinin tutkularına göre Tanrı'dan dilerdi. Rab'bimiz her birimizin içinde yaşadığından, önümüzde bir engel olsa dahi bizleri engelin çevresinde dolanmak ya da üzerinden geçip gitmek için kuvvetlendirir. Hatta karanlık vadiden geçerken bile sakınmamızı sağlar, tüm işlerde iyiliğimiz için çalışır ve yollarımızı refaha çıkarır.

Tanrı'nın buyruklarına itaat ederek O'nu hoşnut ettiğimizde, Tanrı'da yaşar ve O'ndan dilediklerimizin yanıtını alarak Tanrı'yı yüceltiriz. Tanrı'nın buyruklarına itaatsizliğin günah duvarını yıkalım, o buyruklara itaat etmeye başlayalım, Tanrı'nın huzurunda cesaretimiz olsun ve dilediğimiz her şeyin yanıtını Tanrı'dan alarak O'nu yüceltelim.

4. İsteklerin Yerine Gelmesi İçin Edilen Duanın Günah Duvarını Yıkın

Tanrı her şeyi Tanrı'nın yüceliği için yapmamızı bizlere söyler (1. Korintliler 10:31). Eğer O'nun yüceliği dışında bir şey için dua ediyorsak, kendi isteklerimizi ve benliğin tutkularını yerine getirmeye çabalıyoruzdur ve dolayısıyla bu ricalara Tanrı'dan yanıt alamayız (Yakup 4:3).

Tanrı'nın egemenliği ve doğruluğu yolunda maddi bakımdan kutsanmak ya da fakire çare ve canların kurtuluşu için dua ediyorsanız, Tanrı'nın yanıtlarını alırsınız çünkü gerçekten de O'nun yüceliği için çabalıyorsunuzdur. "Kiliseye gitmene rağmen hala nasıl fakir olabiliyorsun?" diyen bir kardeşinize karşı böbürlenmek adına maddi kutsamalar için dua ediyorsanız, kendi isteklerinizi yerine getirmek için kötülüğe uygun dua ediyorsanız demektir ki dualarınıza yanıt alamazsınız. Hatta bu dünyada çocuklarını gerçekten seven anne-babalar bile çarşıda har vurup harman savursun diye çocuklarına $100 vermezler. Aynı şekilde Tanrı'da çocuklarının yanlış yola sapmalarını istemez ve bu sebeple Çocuklarının kendisinden dilediği her şeyi yanıtlamaz.

1. Yuhanna 5:14-15 ayetleri bizlere şöyle der: *"Tanrı'nın önünde güvenimiz şu ki, O'nun isteğine uygun ne dilersek bizi işitir. Her ne dilersek bizi işittiğini bildiğimize göre, O'ndan dilediklerimizi aldığımızı da biliriz."* Ancak isteklerimizi bertaraf ettiğimizde, Tanrı'nın isteğine göre ve Tanrı'nın yüceliği için dua ettiğimizde, dualarımızda Tanrı'dan dilediğimiz her şeyin yanıtını alırız.

5. Duada Kuşku Duymanın Günah Duvarını Yıkın

Tanrı, imanımızı göstermemizden hoşnut olduğundan, iman olmadan Tanrı'yı hoşnut etmek imkansızdır (İbraniler 11:6).

Kutsal Kitap'ta, Tanrı'ya olan imanlarını gösteren insanlara, Tanrı'nın yanıtlarının ulaştığını bulabiliriz (Matta 20:29-34; Markos 5:22-43, 9:17-27, 10:46-52). İnsanlar Tanrı'ya olan imanlarını göstermekte başarılı olamadıklarında, İsa'nın öğrencileri olsalar dahi "kıt" imanları yüzünden azarlanmışlardır (Matta 8:23-27). Tanrı'ya olan büyük imanlarını gösterdiklerinde ise, başka uluslardan olsalar dahi övülmüşlerdir (Matta 15:28).

Tanrı, sadece inanamayanları değil ama azıcık kuşku duyanları bile azarlar (Markos 9:16-29) ve dualarında azıcık kuşku bulunduranların Rab'den bir şey beklememelerini söyler (Yakup 1:6-7). Kısaca, dualarınız kuşkuyla dolu ise, oruç tutsanız ve gece boyunca dua etseniz bile, Tanrı'nın yanıtlarını alma beklentisi içinde olmamalısınız.

Dahası, Tanrı bize şunu hatırlatır: *"Size doğrusunu söyleyeyim, kim şu dağa, 'Kalk, denize atıl!' der ve yüreğinde kuşku duymadan dediğinin olacağına inanırsa, dileği yerine gelecektir. Bunun için size diyorum ki, duayla dilediğiniz her şeyi daha şimdiden almış olduğunuza inanın, dileğiniz yerine gelecektir"* (Markos 11:23-24).

"Tanrı insan değil ki, Yalan söylesin; İnsan soyundan değil ki, Düşüncesini değiştirsin" (Çölde Sayım 23:19) dendiği gibi, Tanrı'ya inanan ve O'nun yüceliğini dileyen herkesin duası vaat edildiği gibi yanıtlanacaktır. Tanrı'yı seven ve imanla O'na bağlı olanlar Tanrı'nın yüceliği için çabalarlar ve bu yüzden onlara ne diliyorlarsa istemeleri söylenmiştir. İnandıkları, diledikleri ve dileklerinin yanıtlarını aldıkları için, bu kişiler Tanrı'yı yüceltebilirler. Kuşkularımızdan kurtulalım ve sadece inanalım,

dileyelim ve Tanrı'dan alalım. Böylece Tanrı'yı tüm yüreğimizle yüceltebiliriz.

6. Tanrı'nın Huzurunda Ekmemenin Günah Duvarını Yıkalım

Evrende ki her şeyin yöneticisi olan Tanrı, ruhani dünyanın yasasını tesis etmiştir ve adil bir yargıç olarak her şeyi bir düzen içinde yürütür.

Kral Darius, sevgili görevlisi Daniel'i aslan çukurundan kurtaramadı çünkü kral olsa dahi kendisinin yazıya döktüğü yasaya itaatsizlik edemedi. Aynı şekilde Tanrı'da Kendisinin tesis ettiği ruhani dünyanın yasasına itaatsizlik edemediğinden, evrende ki her şey Tanrı'nın gözetimi altında sistemli bir şekilde yürür. Bu nedenle, "Tanrı alaya alınmaz" ve Tanrı, insanın ne ekerse onu biçmesine izin verir (Galatyalılar 6:7). Eğer bir kişi dua ekerse, ruhani kutsamalar alır. Eğer ektiği zaman ise, iyi bir sağlıkla kutsanır. Eğer bağışlar ekerse, Tanrı o kişiyi işyerinde ve evinde belalardan uzak tutar ve maddi açıdan kutsar.

Tanrı'nın huzurunda çeşitli yollarla ektiğimizde, dualarımız yanıltanı ve her ne dilediysek alırız. Tanrı'nın huzurunda gayretle ekerek, sadece bolca meyve vermeyelim ama ayrıca dualarımızda O'ndan ne dilediysek alalım.

Yukarıda bahsedilen altı adet günah duvarına ek olarak,

"günah" yalancılık, çekememezlik, öfke, kızgınlık ve kibir gibi benliğin arzuları ve işlerini, kanını dökme pahasına günahlarla savaşmamayı ve Tanrı'nın egemenliği için gayret içinde olmamayı kapsar. Tanrı ile aramızda duvar ören çeşitli unsurları öğrenerek ve anlayarak günah duvarlarını yıkalım, her zaman Tanrı'nın yanıtlarını alalım ve böylece Tanrı'yı yüceltebilelim. Her birimiz iyi bir sağlığın tadına varan inananlar olmalıyız. Ruhlarımız huzur içinde her işimiz yolunda gitmeli.

Yeşaya 59:1-2 ayetlerinde bulunan Tanrı Sözüne dayanarak, Tanrı ile aramızda duvar ören birkaç unsuru inceledik. Bu duvarın doğasını anlayan Tanrı'nın kutsanmış çocukları olmanız, iyi bir sağlığın tadına varmanız, gönlünüz rahat olarak her işinizde başarılı olmanız ve dualarınızda Tanrı'dan istediğiniz her şeyin yanıtını alarak göksel Baba'nızı yüceltmeniz için İsa Mesih'in adıyla dua ediyorum.

5. Bölüm

Ne Ekerseniz Onu Biçersiniz

Şunu unutmayın:
Az eken az biçer, çok eken çok biçer.
Herkes yüreğinde niyet ettiği gibi versin;
isteksizce ya da zorlanmış gibi değil.
Çünkü Tanrı sevinçle vereni sever.

2. Korintliler 9:6-7

Her sonbahar toprağın üzerinde altından dalgalar oluşturan ve boydan boya uzanan çeltikleri görürüz. Çeltiklerin hasadını alabilmek için, çiftçilerin uğraş verdiğini, ilkbahar ve yaz boyunca bitkilerin bakımıyla uğraşıp toprağı gübrelediklerini ve ekini ektiklerini biliriz.

Büyük tarlası olan ve çokça tohum eken bir çiftçi, daha az tohum eken bir çiftçiden çok daha fazla uğraş verir. Ama daha fazla ürün alma umuduyla, çiftçi çok daha gayret ve şevkle çalışır. Doğa kanununun "ne ekersek onu biçeceğimizi" dikte etmesi gibi, ruhani dünyanın Sahibi olan Tanrı'nın yasasının da aynı yöntemi izlediğini bilmek zorundayız.

Günümüz Hristiyanlarının arasından bazıları, hiç bir şey ekmeden Tanrı'dan dilemeye devam ederken, bazıları da onca dualarına rağmen Tanrı'nın yanıtlarını alamamaktan yakınırlar. Her ne kadar Tanrı, çocuklarını bolca kutsamayı ve tüm sorunlarına çare olmayı istese de, insan ekim ve biçim yasasını kavramakta başarısız olur ve böylece Tanrı'dan istediklerini alamaz.

Bizlere, "ne ekersek onu biçeceğimizi" söyleyen doğa kanununa göre ne ekmemiz gerektiğini, Tanrı'nın yanıtlarını alabilmek için nasıl ekmemiz gerektiğini ve Tanrı'yı koşulsuz nasıl yücelteceğimizi inceleyelim.

1. Toprak Önce Yetiştirilmelidir

Tohumları ekmeden önce çiftçinin üzerinde çalışacağı

toprağı yetiştirmesi gerekir. Taşları toplar, toprağı düzeltir ve tohumların yetişmesi için gerekli uygun ortam ve koşulları yaratır. Çiftçinin verdiği zahmet ve kendini adayışına göre en verimsiz toprak bile verimli bir toprağa dönüşebilir.

Kutsal Kitap insanların yüreklerini tarlaya benzetir ve onları dört bölümde sınıflandırır (Matta 13:3-9).

İlki "yol kenarına düşen" tohumdur

Yol kenarında ki toprak katıdır. Böyle yüreği olan biri kiliseye gitmez ama sözü duyduktan sonra bile yüreğinin kapılarını aralamaz. Dolayısıyla Tanrı'yı bilemez ve iman kıtlığından dolayı aydınlanamaz.

İkincisi "Kayalık yerlere" düşen tohumdur

Kayalık yerlerde taşlar olduğundan filizler uygun şekilde gelişemezler. Böyle yüreği olan biri sözü bir bilgi olarak bilir ve imanına eşlik eden eylemler olmaz. İmanda sağlam olmadığından, sınama ve zorluklar zamanı hızla çöker.

Üçüncüsü "dikenler arasına" düşen tohumdur

Dikenli toprakta dikenler büyüdüğünden ve bitkileri heba ettiğinden, toprak iyi meyveler vermez. Böyle yüreği olan biri Tanrı'nın sözüne inanır ve ona göre yaşamaya çabalar ama Tanrı'nın isteğine göre değil, benliğin tutkularına göre davranır. Yüreğine ekilen Tanrı sözü, bu dünya mallarının, çıkarlarının ve kaygılarının ayartmasıyla bozulduğundan meyve veremez. Dua etse dahi "görünmeyen" Tanrı'ya güvenemez ve kendi düşünceleriyle yöntemlerini devreye sokmakta hızlıdır. Dolayısıyla, Tanrı'nın gücünü deneyim edemez ve Tanrı böyle bir kişiyi uzaktan seyreder.

Dördüncüsü "iyi toprağa" düşen tohumdur"
Böyle yüreği olan biri Tanrı'nın sözü olan her şeye "Âmin" der ve kendi düşüncelerini ya da hesaplamalarını hiç katmadan imanla itaat eder. Böyle iyi bir toprağa tohumlar ekildiğinde iyi yetişirler ve ekilen tohumların yüz katı, altmış katı veya otuz katı çok meyve verirler.

İsa sadece "Amin" dedi ve Tanrı'nın sözüne sadık kaldı (Filipililer 2:5-8). Aynı şekilde "iyi toprağa" benzeyen bir kişi, Tanrı'nın sözüne koşulsuz sadıktır ve söze göre yaşar. Eğer söz her daim sevinç içinde olmasını söylüyorsa, her koşulda sevinç içinde olur. Eğer söz sürekli dua etmesini söylüyorsa, hiç ara vermeden dua eder. "İyi toprağa" benzeyen yüreğe sahip bir kişi her zaman Tanrı ile iletişim içindedir, Tanrı'dan her ne dilerse alır ve Tanrı'nın isteğine göre yaşar.

Şu anda yüreğimiz hangi tarlaya benzerse benzesin, onu her zaman iyi bir toprağa dönüştürebiliriz. Taşlı toprağı sabanla işler, taşları toplar, dikenleri kaldırır ve tarlayı gübreleriz.

Öyleyse yüreklerimizi nasıl "iyi toprağa" dönüştürebiliriz?

Öncelikle ruhta ve gerçekte tapınmalıyız.
Tüm aklımızı, irademizi, adanışı ve kuvveti Tanrı'ya vermeli

ve sevgiyle O'na yüreğimizi sunmalıyız. Ancak o zaman boş düşüncelerden, yorgunluktan ve uyuşukluktan güvende olur ve göklerden gelen güçle yüreklerimizi iyi toprağa dönüştürebiliriz.

İkinci olarak kanımızı dökme noktasında günahlarımızı söküp atmalıyız.

Tanrı'nın "Bunları yapın!" ve "Bunları yapmayın!" gibi buyruklarını da içine almak üzere tüm sözlerine bütünüyle itaat ettikçe yüreklerimiz yavaş yavaş iyi bir toprağa dönüşür. Örneğin, çekememezlik, kıskançlık, nefret ve bunun gibi duygular keşfedildiğinde, ancak adanarak edilen dualarla yüreklerimiz iyi bir tarlaya dönüşür.

Yüreğimizin tarlasını ne kadar çok inceler ve şevkle onu yetiştirirsek, imanımız o kadar çok büyür ve Tanrı'nın sevgisinde her işimiz yolunda gider. Gayretle kendi tarlamızı yetiştirmeliyiz çünkü ne kadar çok Tanrı'nın sözüne göre yaşarsak, ruhani imanımızda o kadar büyür. Ruhani imanımız ne kadar büyürse, o kadar "iyi toprağa" sahip oluruz. Bu yüzden yüreklerimizi çok daha şevkle yetiştirmeliyiz.

2. Farklı Tohumlar Ekilmeli

Toprak yetiştirildikten ve terbiye edildikten sonra çiftçi tohumları ekmeye başlar. Sağlığımızı muhafaza etmek için nasıl farklı tipte yemekleri yemek zorundaysak, çiftçi de pirinç, buğday, sebze, fasulye gibi farklı tohumları eker ve yetiştirir.

Tanrı'nın huzurunda farklı şeyler ekmeliyiz. Ruhani açıdan "bir şeyi ekmek", Tanrı'nın buyruklarına ve bizlere "yapmamızı" söylediklerine itaat etmek anlamına gelir. Örneğin, eğer Tanrı bizlere her daim sevinçli olmamızı söylüyorsa, göksel egemenlik için beslediğimiz umuttan doğan sevinçle ekmeliyiz. Bu sevincimiz Tanrı'yı hoşnut eder ve içimizde ki istekleri yerine getirir (Mezmurlar 37:4). Eğer bizlere "Müjdeyi duyurun!" diyorsa, şevkle Tanrı'nın sözünü yaymalıyız. Eğer bizlere "birbirimizi sevmemizi", "sadık olmamızı", "şükran duymamızı" ve "dua etmemizi" söylüyorsa, bizlere söylenilenin aynısı şevkle yapmalıyız.

Bunların yanı sıra, ondalıklarımızı vererek ve Şabat gününü kutsal sayarak Tanrı'nın sözüne göre yaşamamız O'nun huzurunda ekmek olduğundan, ektiklerimiz filizlenebilir, gayet güzel yetişip açabilir ve bolca meyve verebilir.

Eğer esirgeyerek, isteksizce veya baskı altında ekersek, Tanrı çabalarımızı kabul etmez. Nasıl çiftçi baharda hasadını alma umuduyla ekinini ekiyorsa, ektiklerimizin yüz katı, altmış katı veya otuz katıyla bizleri kutsayan Tanrı'nın üzerine imanla gözlerimizi sabitlemeli ve O'na inanmalıyız.

İbraniler 11:6 bize şöyle der: *"İman olmadan Tanrı'yı hoşnut etmek olanaksızdır. Tanrı'ya yaklaşan, O'nun var olduğuna ve kendisini arayanları ödüllendireceğine iman etmelidir."* Güvenimizi O'nun sözüne teslim ederek, huzurunda ekenleri ödüllendiren Tanrı'mıza gözlerimizi diktiğimizde, bu dünya da bolca biçer ve ödüllerimizi göksel egemenlik için biriktiririz.

3. Tarla Sebatla ve Adamayla Gözetilmelidir

Tohumları ektikten sonra çitçi toprağı en azami ölçüde gözetir. Bitkileri sular, yabani ot ve böceklerden toprağı temizler. Bu sebatkâr çabalar olmadan bitkiler çiçek açabilir ama meyve vermeden solar ve ölürler.

Ruhani açıdan "su", Tanrı'nın sözünü simgeler. Yuhanna 4:14 ayetinde İsa'nın bizlere, *"Oysa benim vereceğim sudan içen sonsuza dek susamaz. Benim vereceğim su, içende sonsuz yaşam için fışkıran bir pınar olacak"* dediği gibi, su, sonsuz yaşamı ve gerçeği simgeler. "Böceklerden temizlemek", düşman Şeytan ve iblise karşı tarlamıza ekilen Tanrı sözünü korumak anlamına gelir. Düşman şeytan tarlamızda ki çalışmalarımıza engel olmak için gelse dahi, tapınmayla, ilahilerle ve duayla yüreğimizde ki bütünlük korunur.

"Toprağı yaban otlarından temizlemek", öfke ve nefret gibi gerçek dışı duyguları söküp atma sürecidir. Şevkle dua ettikçe, öfke ve nefret gibi duyguları söküp atmak için mücadele verdikçe, öfke kökünden sökülür ve uysallık tohumu çiçek açar; nefret kökünden sökülür ve sevgi tohumu çiçek açar. Gerçek dışılığın yabani otları temizlendikçe ve engellemeye uğraşan düşman şeytan böcekler misali ayıklandıkça Tanrı'nın gerçek çocukları olarak gelişebiliriz.

Ekini ektikten sonra tarlayı gözetmekte ki önemli bir diğer unsur, sebatla doğru zamanı beklemektir. Eğer çiftçi ekinleri ektikten sonra tohumların çiçek verip vermediğini görmek için toprağı kazarsa, tohumların kolayca bozulmasına sebep olabilir.

Hasat zamanına kadar bir hayli sebat ve adayış gereklidir.

Meyve verme zamanı tohumdan tohuma değişir. Karpuz ve kavun tohumları bir seneden az bir sürede meyve verirken, elma ve armut tohumları için birkaç sene gerekir. Ginseng eken çiftçinin sevinci, karpuz eken çiftçiden çok daha fazladır çünkü uzun sürede yetiştirilen ginsengin değeri, kısa zamanda meyve veren karpuzla mukayese edilemez.

Tıpkı bunun gibi bizlerde Tanrı'nın huzurunda O'nun sözüne göre ektiğimizde, bazı zamanlar O'nun yanıtını ve hasadı hızla alırız ama bazı zamanlarda da çok daha fazla sürenin gerekli olduğunu akıllarımızda tutmalıyız. Galatyalılar 6:9 ayetinin bizlere, *"İyilik yapmaktan usanmayalım. Gevşemezsek mevsiminde biçeriz."* hatırlatması gibi, hasat zamanına kadar tarlamızı sebatla ve adayışla gözetmeliyiz.

4. Ne Ekerseniz Onu Biçersiniz

Yuhanna 12:24 ayetinde İsa bize şöyle der: *"Size doğrusunu söyleyeyim, buğday tanesi toprağa düşüp ölmedikçe yalnız kalır. Ama ölürse çok ürün verir."* Tanrı'nın yasasına göre adaletin Tanrı'sı insanlığa bir kurban sunusu olarak tek ve yegâne oğlu İsa Mesih'i ekti ve O'nun buğday tanesi olarak düşüp ölmesine izin verdi. İsa ölümüyle pek çok meyve verdi.

Çiğnenmemesi gereken Tanrı'nın yasası olan Ruhani dünyanın yasası, "ne ekersen onu biçersin" diyen doğa kanunuyla aynıdır. Galatyalılar 6:7-8 ayetleri açıkça bize şöyle söyler:

"Aldanmayın, Tanrı alaya alınmaz. İnsan ne ekerse onu biçer. Kendi benliğine eken, benlikten ölüm biçecektir. Ruh'a eken, Ruh'tan sonsuz yaşam biçecektir."

Çiftçi, tarlasına ekinleri ektiğinde, ekilen tohumların cinsine bağlı olarak bazılarının hasadını diğerlerinden daha erken alır ve biçtikçe daha da ekmeye devam eder. Ne kadar çok eker ve tarlasını gözetirse, hasadını alacağı üründe o kadar çok olacaktır. Tıpkı bunun gibi bizlerde Tanrı ile olan ilişkimizde ne ekersek onu biçeriz.

Eğer dua ve övgü ekerseniz, gönlünüz huzur içinde yukarıdan aldığınız güçle, Tanrı'nın sözüne göre yaşayabilirsiniz. Eğer sadık bir şekilde göksel egemenlik için çalışırsanız, gerek bedenen gerekse ruhen aldığınız kutsamalarla her türlü hastalık sizi terk edip gider. Eğer şevkle maddi mal varlığınızla, ondalıklarınızla ve şükran sunularınızla ekerseniz, O'nun egemenliği ve doğruluğu için kullanmanızı sağlayacak büyük maddi şeylerle sizi kutsayacaktır.

Her bireyi ektiklerine göre ödüllendiren Rab'bimiz Yuhanna 5:29 ayetinde şöyle der: *"İyilik yapmış olanlar yaşamak, kötülük yapmış olanlar yargılanmak üzere dirilecekler."* Dolayısıyla Kutsal Ruh'a göre yaşamalı ve yaşamlarımızda iyilik yapmalıyız.

Eğer bir kişi Kutsal Ruh için değil ama kendi arzuları için ekerse, sonunda sadece yitip gidecek olan bu dünyanın şeylerini biçecektir. Eğer başkalarını ölçer biçer ve yargılarsanız, sizlerde Tanrı'nın, *"Başkasını yargılamayın ki, siz de yargılanmayasınız. Çünkü nasıl yargılarsanız öyle yargılanacaksınız. Hangi ölçekle verirseniz, aynı ölçekle alacaksınız"* (Matta 7:1-2) diyen sözüyle yargılanacaksınız.

Tanrı, İsa Mesih'e iman etmeden önce işlediğimiz tüm günahlarımızı bağışladı. Ancak gerçeği ve günahı öğrendikten sonra günah işlemeye devam edersek, tövbe ederek bağışlanmış olsak dahi cezalandırılırız.

Eğer günah ektiyseniz, ruhani dünyanın yasasına göre günahın meyvesini verir, sınama ve acılarla yüzleşirsiniz.

Tanrı'nın çok sevdiği Davut günah işlediğinde, Tanrı ona şöyle demiştir: *"Öyleyse neden RAB'bin gözünde kötü olanı yaparak, onun sözünü küçümsedin?"* ve *"Sana kendi soyundan kötülük getireceğim"* (2. Samuel 12:9; 11). Davut, "Rab'be karşı günah işledim" diye tövbe ederek günahlarından bağışlanmasına rağmen, Rab'bin Uriya'nın karısının Davut'tan doğan çocuğunun hastalanmasına neden olduğunu da biliriz (2 Samuel 12:13-15).

Gerçekle yaşamalı, iyilik yapmalı, her işte ne ekersek onu biçeceğimizi hatırlamalı, Kutsal Ruh için ekmeli, Kutsal Ruh'tan sonsuz yaşamı almalı ve her zaman Tanrı'nın taşan bereketleriyle kutsanmalıyız.

Kutsal Kitap'ta Tanrı'yı hoşnut eden ve akabinde bolca kutsanan pek çok insan vardır. Şunemli kadın Tanrı adamı Elişa'ya her zaman hürmet ettiğinden ve nezaket gösterdiğinden, ne zaman yolu o bölgeye düşse, Elişa o kadının evinde kalmıştı. Elişa için evlerinde bir oda hazırlamaları konusunda kocasıyla kara aldıktan sonra, içinde yatak, masa, sandalye, bir de kandil olan bir odayı peygamber için hazırladı ve Elişa'nın evinde kalmasını sağladı (2. Krallar 4:8-10).

Elişa kadının bağlılığı karşısında çok etkilendi. Yaşlı bir kocası olduğunu, karı-kocanın hiç çocukları olmadığını ve kadının en büyük arzusunun bir çocuk sahibi olmak olduğunu öğrenince, Elişa Tanrı'dan bu kadını doğumla kutsamasını diledi ve bir sene sonra Tanrı bu kadına bir oğul verdi (2. Krallar 4:11-17).

Mezmurlar 37:4 ayetinde Tanrı'nın *"RAB'den zevk al, O senin içindeki istekleri yerine getirecektir"* sözü gibi, Tanrı kuluna sadakat ve alakayla muamele eden Şunemli kadına yüreğinin istekleri verildi (2. Krallar 4:8-17).

Elçilerin İşleri 9:36-40 ayetleri, her zaman iyilik ve yardımda bulunan Yafa'da ki Tabita adında ki bir kadından bahseder. Bu kadın hastalanıp öldüğünde, öğrenciler durumu Petrus'a bildirdiler. Olay yerine vardığında, dullar ona Tabita'nın kendileriyle birlikteyken diktiği entarilerle üstlükleri gösterdiler ve kadını yaşama geri getirmesi için Petrus'a yalvardılar. Petrus kadınların bu halinden derinden etkilendi ve Tanrı'ya tüm içtenliğiyle dua etti. "Tabita, kalk!" dediğinde, kadın gözlerini açtı ve doğrulup oturdu. Tabita, Tanrı'nın huzurunda yoksullara yardım ederek iyilik ektiğinden, yaşamının uzatılmasıyla kutsandı.

Markos 12:44 ayetinde İsa'ya her şeyini veren fakir dul bir kadından bahsedilir. Tapınağa bağışta bulunan kalabalığı seyreden İsa öğrencilerine, *"Çünkü ötekilerin hepsi, zenginliklerinden artanı attılar. Bu kadın ise yoksulluğuna karşın, varını yoğunu, geçinmek için elinde ne varsa, tümünü verdi"* dedi ve kadını övdü. Bu kadının hayatının ilerleyen devrelerinde bolca kutsandığını bilmek hiçte zor olmasa gerek!

Ruhani dünyanın yasasına göre adalet Tanrı'sı ne ekersek onu biçmemize izin verir ve yaptıklarımıza göre bizleri ödüllendirir. Tanrı, Sözüne inanan ve itaat edenlerin imanlarına göre işler ortaya koyduğundan, dualarımızda her ne dilersek alacağımızı anlamak zorundayız. Bunu aklımızda tutarak her birinizin yüreğinizi gözden geçirmesi, onu iyi bir toprak olarak yetiştirmesi, pek çok tohum ekmesi, sebat ve adayışla onu gözetmesi ve meyveler vermesi için İsa Mesih'in adıyla dua ediyorum.

6. Bölüm

İlyas'ın Tanrı'dan Ateşten Yanıt Alması

Sonra İlyas, Ahav'a,
"Git, yemene içmene bak;
çünkü güçlü bir yağmur sesi var" dedi.
Ahav yiyip içmek üzere oradan ayrılınca,
İlyas Karmel Dağı'nın tepesine çıktı.
Yere kapanarak başını dizlerinin arasına koydu.
Sonra uşağına, "Haydi git, denize doğru bak!" dedi.
Uşağı gidip denize baktı ve,
"Hiçbir şey görmedim" diye karşılık verdi.
İlyas, uşağına yedi kez,
"Git, bak" dedi. Yedinci kez gidip bakan uşak,
"Denizden avuç kadar küçük bir bulut çıkıyor" dedi.
İlyas şöyle dedi: "Git, Ahav'a,
Yağmura yakalanmadan arabanı al ve geri dön de."
Tam o sırada gökyüzü bulutlarla karardı,
rüzgâr çıktı, şiddetli bir yağmur başladı.
Ahav hemen arabasına binip Yizreel'e gitti.

1. Krallar 18:41-45

Tanrı'nın gücünün hizmetlisi İlyas, Tanrı'dan dilediği ve aldığı ateşten yanıtla yaşayan Tanrı'ya tanıklık etti ve putlara tapınan İsrailliler'in günahlarından tövbe etmesini sağladı. Ayrıca üç buçuk yıl Tanrı'nın İsrailliler'e olan kızgınlığı sebebiyle hiç yağmur yağmadığı sırada, kuraklığı sona erdiren ve sağanak yağışları getiren mucizenin sahibi de İlyas'tı.

Eğer yaşayan Tanrı'ya inanıyorsak, bizlerde tıpkı İlyas gibi Tanrı'dan ateşten yanıt almalı, O'na tanıklık etmeli ve Tanrı'yı yüceltmeliyiz.

Rab'bin yanıtını ateşle alan ve yüreğinin isteklerinin yerine gelmesini kendi gözleriyle gören İlyas'ın imanını keşfederek, Babamız'dan yanıtları her zaman ateşle alan kutsanmış çocukları olalım.

1. Tanrı Kulu İlyas'ın İmanı

Tanrı'nın seçilmişleri olarak İsrailliler sadece Tanrı'ya tapınmakla hükümlüydüler ama kralları Tanrı'nın nazarında kötü olan şeyler yapmaya ve putlara tapınmaya başladı. Ahav'ın tahta çıktığı dönemde ise İsrail halkı çok daha fazla kötü işler yapmaya başladı ve putperestliğin doruk noktasına çıktılar. İşte o vakit, Tanrı'nın İsrailliler'e olan öfkesi üç buçuk yıllık kuraklık felaketini getirdi. Tanrı, İlyas'ı bir hizmetlisi tesis etti ve onun aracılığıyla işlerini ortaya koydu.

Tanrı, İlyas'a şöyle dedi: *"Git, Ahav'ın huzuruna çık. Toprağı yağmursuz bırakmayacağım"* (1. Krallar 18:1).

İsrailliler'i Mısır'dan çıkaran Musa, Tanrı kendisine Firavun'un huzuruna çıkmasını buyurduğu o ilk zaman, önce itaatsizlik etmişti. Samuel'e Davut'u mesh etmesi söylendiğinde başta o da Tanrı'ya itaatsizlik etmişti. Ancak Tanrı, İlyas'a gidip kendini üç seneden beri öldürtmeye uğraşan Ahav'a göstermesini istediğinde, peygamber koşulsuz Tanrı'ya itaat etti ve Tanrı'nın hoşnut kaldığı imanı gösterdi.

İlyas, Tanrı'nın sözü olan her şeye inandığı ve itaat ettiği için, peygamberin aracılığıyla Tanrı tekrar tekrar İşlerini ifşa etti. Tanrı, İlyas'ın itaatkâr imanından hoşnuttu. Peygamberi seviyor, Kendisinin bir hizmetlisi olarak tanıyor, gittiği her yerde İlyas'a eşlik ediyor ve her çabasına garanti oluyordu. Tanrı, İlyas'ın imanını tasdiklediği için, peygamber ölüleri diriltebiliyor, Rab'bin yanıtını ateşle alabiliyordu. Sonunda kasırgalarla göklere alındı. Göksel tahtında oturan tek bir Tanrı olmasına rağmen, her-şeye-gücü-yeten Tanrı evrende olan her şeyi görür ve bulunduğu her yerde İşlerinin ortaya konmasına izin verir. Markos 16:20 ayetinde *"Öğrencileri de gidip Tanrı sözünü her yere yaydılar. Rab onlarla birlikte çalışıyor, görülen belirtilerle sözünü doğruluyordu,"* dendiği gibi, bir kişi ve imanı Tanrı tarafından tanındığında ve tasdik edildiğinde, Tanrı'nın işlerinin bir nişanı gibi, Mucizeleri ve Yanıtları o kişinin dualarına eşlik eder.

2. İlyas'ın Tanrı'dan Ateşten Yanıtı Alması

İlyas'ın imanı, Tanrı'nın tanımasına değecek kadar büyük ve itaatkâr olduğundan, cesurca İsrail'de tehdit oluşturacak kuraklığın peygamberliğini edebiliyordu.

Kral Ahav'a, *"Hizmet ettiğim İsrail'in Tanrısı yaşayan RAB'bin adıyla derim ki, ben söylemedikçe önümüzdeki yıllarda ne yağmur yağacak, ne de çiy düşecek"* (1. Krallar 17:1) çünkü *"Gerçek şu ki, Egemen RAB kulu peygamberlere Sırrını açmadıkça bir şey yapmaz"* (Amos 3:7) diyebiliyordu.

Tanrı, kuraklığın peygamberliğini yapan İlyas'ın hayatını Ahav'ın tehdit ettiğini bildiğinden, peygamberi Kerit Vadisine yönlendirdi ve bir süre orada kalmasını söyledi. Kargalara sabah akşam ona ekmek ve et getirmelerini buyurdu. Ancak Kerit vadisinde ki dere yağmur yağmamasından dolayı kuruduğunda, Tanrı, İlyas'ı Sarefat kentine yönlendirdi ve orada bir dula peygambere yiyecek sağlamasını buyurdu.

Dulun oğlu hastalanınca ve gitgide durumu kötüleşip sonunda ölünce, İlyas Rab'be şöyle dua etti: *"Ya RAB Tanrım, bu çocuğa yeniden can ver"* (1. Krallar 17:21).

RAB İlyas'ın yalvarışını duydu. Çocuğu diriltip yeniden yaşama döndürdü ve yaşamasına izin verdi. Bu olayla Tanrı, İlyas'ın Tanrı adamı olduğunu ve söylediği sözün gerçekten Rab'bin sözü olduğunu ilan etmiş oldu (1. Krallar 17:24).

Bizim şu kuşağımızın insanları, mucizevi belirtileri ve harikaları görmedikleri takdirde (Yuhanna 4:48) asla Tanrı'ya inanmadıkları bir zamanda yaşamaktadırlar. Günümüzde yaşayan Tanrı'ya tanıklık etmek için her birimizin İlyas'ın sahip olduğu imanla silahlanmamız ve Tanrı'nın müjdesini cesurca duyurmak için dizginleri ele geçirmemiz lazım.

İlyas'ın Ahav'a, 1. Krallar 17:1 *"Ben söylemedikçe önümüzdeki yıllarda ne yağmur yağacak, ne de çiy düşecek"* demesinden pek çok gün sonra, Tanrı peygambere şöyle dedi: *"Git, Ahav'ın huzuruna çık. Toprağı yağmursuz bırakmayacağım"* (1. Krallar 18:1). Luka 4:25 ayetlerinde şöyle okuruz: *"gökyüzünün üç yıl altı ay kapalı kaldığı, bütün ülkede korkunç bir kıtlığın baş gösterdiği İlyas zamanında İsrail'de çok sayıda dul kadın vardı."* Kısaca, üç buçuk yıl boyunca İsrail'e tek damla yağmur yağmadı. İlyas, ikinci kez Ahav'ın huzuruna çıkmadan evvel, Ahav, kuraklıktan İlyas'ın sorumlu olduğuna inanarak komşu ülkelerde dahi peygamberi arıyordu.

Ahav'ın huzuruna çıkamadan öldürülebileceği gerçeğine rağmen, İlyas peygamber cesurca Tanrı'nın sözüne itaat etti. Ahav'ın karşısına çıktığında, kral ona, *"Ey İsrail'i sıkıntıya sokan adam, sen misin?"* (1. Krallar 18:17) diye sordu. Buna karşılık olarak İlyas şu cevabı verdi: *"İsrail'i sıkıntıya sokan ben değilim, seninle babanın ailesi İsrail'i sıkıntıya soktunuz. RAB'bin buyruklarını terk edip Baallar'ın ardınca gittiniz"* (1. Krallar 18:18). Krala Tanrı'nın isteğini iletti ve asla korkmadı. Hatta daha da ileri gidip Ahav'a şöyle dedi: *"Şimdi haber sal: Bütün İsrail halkı, İzebel'in sofrasında yiyip içen Baal'ın dört yüz elli peygamberi ve Aşera'nın dört yüz peygamberi Karmel Dağı'na gelip önümde toplansın"* (1. Krallar 18:19).

İlyas, halkının üzerine kuraklığın gelme nedeninin putlara tapınmaları yüzünden olduğunu gayet iyi bildiğinden, putların 850 peygamberiyle mücadele etti ve onlara *"ateşle yanıt gönderenin Tanrı olduğunu"* (1. Krallar 18:24) bildirmeye çabaladı. Tanrı'ya inandığı için, Tanrı'nın ateşle yanıt vereceğine inandığı imanını Tanrı'ya gösterdi.

Sonra Baal'ın peygamberlerine şöyle dedi: *"Kalabalık olduğunuz için önce siz boğalardan birini seçip hazırlayın ve ilahınıza yalvarın. Ama ateş yakmayın"* (1. Krallar 18:25). Baal'ın peygamberleri sabahtan öğlene dek yanıt alamayınca İlyas onlarla alay etti.

İlyas, Tanrı'nın kendisine ateşle karşılık vereceğine inanıyordu ve memnuniyet içinde İsrailliler'den sunağı inşa etmelerini ve yakmalık sunuyla odunların üzerine su dökmelerini istedi ve Tanrı'ya dua etti.

Ya RAB, bana yanıt ver! Yanıt ver ki, bu halk senin Tanrı olduğunu anlasın. Onların yine sana dönmelerini sağla (1. Krallar 18:37).

O anda gökten RAB'bin ateşi düştü. Düşen ateş yakmalık sunuyu, odunları, taşları ve toprağı yakıp hendekteki suyu kuruttu. Halk olanları görünce yüzüstü yere kapandı. *"RAB Tanrı'dır, RAB Tanrı'dır! dediler"* (1. Krallar 18:38-39).

Tüm bunlar oldu çünkü İlyas hiç kuşku duymadan diledi (Yakup 1:6) ve duayla dilediği her şeyi daha şimdiden almış olduğuna inandı (Markos 11:24).

İlyas suyun yakmalık sununun üzerine dökülmesini neden istedi ve sonra dua etti? Kuraklık üç buçuk yıl sürdüğünden, o vakitler en zor bulunan ve en gerekli olan şey suydu. Dört küpü suyla doldurarak ve üç kez yakmalık sununun üzerine dökerek (1. Krallar 18:33-34), İlyas Tanrı'ya imanını gösterdi ve kendisi için en değerli olan şeyi Tanrı'ya verdi. Sevinçle vereni seven Tanrı (2. Korintliler 9:7) sadece İlyas'ın ne ektiyse onu biçmesine izin vermekle kalmadı ama ayrıca peygambere ateşle karşılık verdi ve gerçekten yaşayan bir Tanrı olduğunu İsrailliler'e kanıtladı.

Bizler de İlyas'ın attığı adımları atar, Tanrı'ya imanımızı gösterir, O'na bizim için en değerli olan şeyi verir ve dualarımızla Tanrı'dan dilediğimiz şeyleri almaya kendimizi hazırlarsak, Tanrı'nın ateşten karşılığıyla tüm insanlara O'nun yaşamakta olduğunu gösterebiliriz.

3. İlyas'ın Güçlü Yağmurları Getirmesi

Tanrı'nın ateşten karşılığıyla İsrailliler'e yaşayan Tanrı'yı gösterdikten ve putperest İsrail halkının tövbe etmesini sağladıktan sonra, İlyas, Ahav'a ettiği şu yemini hatırladı: *"Hizmet ettiğim İsrail'in Tanrısı yaşayan RAB'bin adıyla derim ki, ben söylemedikçe önümüzdeki yıllarda ne yağmur yağacak, ne de çiy düşecek"* (1. Krallar 17:1). Krala, *"Git, yemene içmene bak; çünkü güçlü bir yağmur sesi var"* (1. Krallar 18:42) dedikten sonra Karmel Dağı'nın tepesine çıktı. Tanrı'nın, *"yeryüzüne yağmuru göndereceğim"* (1. Krallar

18:1) sözü yerine gelsin diye bunu yaptı ve Tanrı'dan da yanıt aldı.

Karmel Dağı'nın tepesine çıktığında, yere kapanarak başını dizlerinin arasına koydu. İlyas neden bu şekilde dua etti? İlyas dua ederken öylesine kederle doluydu. Onun bu görüntüsünden Tanrı'ya nasıl tüm yüreğiyle dua ettiğini tahmin edebiliriz. Dahası, Tanrı'nın yanıtını kendi gözleriyle görene kadar dua etmeye devam etti. Uşağına denize doğru bakmasını söyledi ve uşağı denizden bir avuç büyüklüğünde bulut çıktığını söyleyene dek İlyas bu şekilde yedi kez dua etti. Bu, Tanrı'yı etkilemek ve göksel tahtını sarsmak için gereğinden fazla etkiliydi. İlyas, üç buçuk senelik kuraklık döneminden sonra yağmuru getirdiğinden, duasının oldukça güçlü olduğu tahmin edilebilir.

Her ne kadar ateşten yanıt alacağına dair Tanrı'dan hiçbir şey duymamış olsa da, Tanrı'nın kendisi için çalışacağını dudaklarıyla dile getirmişti. Yağmuru indirdiğinde de aynı şeyi yaptı. Bir avuç büyüklüğünde ki bulutu görür görmez Ahav'a şu mesajı gönderdi: *"Yağmura yakalanmadan arabanı al ve geri dön"* (1. Krallar 18:44). İlyas, görünmeyen şeylerin varlığından emin olduğu (İbraniler 11:1) imana sahip olduğundan, Tanrı, İlyas'ın imanına göre işler ortaya koydu ve gökyüzü bulutlarla karardı, rüzgar çıktı, şiddetli bir yağmur başladı (1. Krallar 18:45).

İlyas'a ateşle yanıt veren ve üç buçuk yıllık kuraklık döneminden sonra uzun zamandır beklenilen yağmuru veren Tanrı'yla, sınamalarımızı ve acılarımızı uzaklaştıran, yüreğimizin isteklerinin yanı sıra olağanüstü kutsamalarını bizlere veren Tanrı'nın aynı Tanrı olduğuna inanmalıyız.

Tanrı'nın ateşten karşılığını almak için Tanrı'yı yüceltmeniz ve yüreğinizin isteklerini doyurmak için öncelikle O'nun hoşnut olduğu imanı göstermeniz, Tanrı ile aranızda duran günah duvarlarını yıkmanız ve hiç kuşku duymadan Tanrı'dan istemeniz gerektiğini şu ana dek kavramış olduğunuza eminim.

Ayrıca memnuniyetle Tanrı'nın huzurunda bir sunak inşa etmeli, O'na sunular sunmalı ve içtenlikle dua etmelisiniz. Üçüncü olarak, Tanrı'dan karşılık alana dek, Tanrı'nın sizin için çalışacağına olan inancınız dudaklarınızdan dökülmelidir. Tanrı böylece oldukça hoşnut kalacak ve tüm yüreğinizle O'nu yüceltmeniz için dualarınızın karşılığını size verecektir.

Rab'bimiz ruhumuz, çocuklarımız, sağlığımız, işimiz ve diğer meselelerimizle ilgili sorunlarımız için O'na dua ettiğimizde bizi yanıtlar ve yüceltilir. İlyas gibi bütünüyle iman sahibi olalım, Tanrı'dan karşılık alana dek dua edelim ve her zaman Baba'yı yücelten kutsanmış çocukları olalım.

7. Bölüm

Yüreğinizin İsteklerini Yerine Gelmesi

RAB'den zevk al,
O senin içindeki istekleri yerine getirecektir.

Mezmurlar 37:4

Günümüzde ki pek çok insan çeşitli sorunları için her-şeye-gücü-yeten Tanrı'dan yanıt almaya çabalarlar. Şevkle dua eder, oruç tutar ve şifa bulmak, işlerini düzene sokmak, çocuk sahibi olmak ve maddi açıdan kutsanmak için gece boyu yakarırlar. Maalesef Tanrı'dan yanıt alamayan ve O'nu yüceltemeyenlerin sayısı, yanıt alanlara ve yüceltenlere nazaran daha çoktur.

Tanrı'dan bir ya da iki ay bir karşılık almadıklarında bu kişiler yorgun düşer ve "Tanrı yok!" diyerek tamamen Tanrı'dan döner ve O'nun adını lekeliyerek putlara tapınmaya başlarlar. Eğer bir kişi kiliseye gidiyor ama Tanrı'nın gücünü almıyor ve O'nu yüceltemiyorsa, bunun "gerçek iman" olduğu nasıl söylenebilir?

Eğer bir kişi gerçekten Tanrı'ya inandığını ilan ediyorsa, o zaman Tanrı'nın bir çocuğu olarak yüreğinin isteklerini alabilmeli ve yaşamı boyunca bu dünyada başarmaya çabaladığı her şey gerçekleşebilmelidir. Ancak pek çokları inandıklarını ilan etseler de yüreklerinin isteklerini alamazlar. Bunun nedeni kendilerini bilememeleridir. Kitabın bu bölümünün temel aldığı bu ayetle şimdi yüreğimizin isteklerini gerçekleştirebileceğimiz yolları inceleyelim.

1. Öncelikle Kişi Yüreğini Gözden Geçirmelidir

Her kişi durup geriye bakmalı ve her-şeye-gücü-yeten Tanrı'ya gerçekten inanıp inanmadığını veya kuşku duyarak yarım yürekle inanıp inanmadığını ya da sadece şans peşinde olan hilekâr bir yüreğe sahip olup olmadığını sorgulamalıdır. İsa Mesih'i bilmeden önce insanların çoğunluğu yaşamlarını ya putlara tapınarak ya da sadece kendilerine güvenerek harcadılar. Ancak büyük sınamaların veya acıların zamanında ve insanların veya putlarının kudretiyle bu felaketlerin çözümlenmediğini kavrayınca, dünya ile ilgili düşüncelere dalar, Tanrı'nın sorunlarını çözeceğiyle ilgili şeyler duyar ve sonunda Tanrı'nın huzuruna gelirler.

Gözlerini gücün Tanrı'sı üzerine sabitlemek yerine, bu dünyanın insanları kuşkuyla, "O'na yalvardığımda beni yanıtlamayacak mıydı?" ya da "Belki de dua, içinde bulunduğum krizi çözümleyebilir" gibi düşünürler. Ancak her-şeye-gücü-yeten Tanrı, insanlık tarihini yönettiği gibi, onların yaşamlarını, ölümlerini, lanet ve bereketlerini de yönetir, ölüyü diriltir ve insanların yüreklerini araştırır. Dolayısıyla, kuşku duyan yüreğe sahip birini Tanrı yanıtlamaz (Yakup 1:6-8).

Eğer bir kişi yüreğinin isteklerine gerçek anlamda kavuşmak istiyorsa, önce kuşku duyan ve şans arayan yüreğini söküp atmalı ve dua ile dilediği her şeyi çoktan her-şeye-gücü-yeten-Tanrı'dan aldığına inanmalıdır. Ancak o zaman Tanrı'nın gücü Tanrı'nın sevgisini bahşedecek ve bu kişinin yüreğinin isteklerine kavuşmasına izin verecektir.

2. İkinci olarak, Kişinin Kurtuluşa Olan Kesin Güveni ve İman Durumu Gözden Geçirilmelidir

Bu gün kiliselere gelen pek çok inanan insan, imanda sorunlarla yüzleşir. Ruhani açıdan avere avere dolanan, görmekte başarısız olan, ruhsal kibirleri yüzünden imanları yanlış yola sapan, Mesih'te yaşadıkları ve O'na hizmet ettikleri onca yıldan sonra dahi kurtuluşa olan kesin güvenleri noksan olan bu kadar çok insanı görmek yürek burkucudur.

Romalılar 10:10 ayeti şöyle der: *"Çünkü insan yürekten iman ederek aklanır, imanını ağzıyla açıklayarak kurtulur."* Yüreğinizin kapısını açtığınızda ve İsa Mesih'i Kurtarıcınız olarak kabul ettiğinizde, göklerden size bedelsiz verilen Kutsal Ruh'un lütuflarıyla Tanrı'nın bir çocuğu olan yetkinliğini alırsınız. Dahası dudaklarınızla Mesih'in Kurtarıcınız olduğunu dile getirdiğinizde ve Tanrı'nın İsa'yı ölümden dirilttiğine inandığınızda, kurtuluşunuzdan gayet emin olacaksınız.

Ama kesin olarak kurtuluşu alıp almayacağınızı bilmiyorsanız, imanınızda bir sorun var demektir. Çünkü eğer Tanrı'nın Baba'nız olduğundan, göksel vatandaşlığı elde ettiğinizden ve O'nun bir çocuğu olduğunuzdan tam emin değilseniz, Baba'nın isteğine göre yaşayamazsınız.

Bu sebeple İsa bize şöyle demiştir: *"Bana, 'Ya Rab, ya Rab!' diye seslenen herkes Göklerin Egemenliği'ne girmeyecek. Ancak göklerdeki Babam'ın isteğini yerine getiren girecektir"* (Matta 7:21). Eğer "Baba Tanrı-oğul (ya da kız evlat)" ilişkisi henüz bir kişide meydana gelmemiş ise, bu kişinin Tanrı'nın yanıtlarını almaması doğaldır. Eğer Tanrı'nın nazarında bu kişinin yüreğinde yanlış olan bir şeyler var ise, Tanrı ile ilişkileri bir şekle bürünmüş olsa dahi O'nun yanıtlarını yine alamaz.

Bu sebeple, eğer Tanrı'nın kurtuluştan emin bir çocuğu

olursanız ve Tanrı'nın isteğine göre yaşamadığınız için tövbe ederseniz, hastalık, iş ve parasal sıkıntılar gibi her türlü sorununuzu Tanrı çözümler ve sizin için her şeyin yolunda gitmesine çalışır.

Çocuğunuzla olan bir sorununuz için Tanrı'nın kapısını çalarsanız, Tanrı, gerçeğin sözüyle sizin ve çocuğunuzun arasında var olan her türlü sorun ve meseleyi keşfetmenize yardım eder. Bazı zamanlar suçlanacaklar çocuklar olsa da, çoğunlukla çocuklarıyla yaşadıkları zorluklardan anne-babalar sorumludur. Parmakla suçlamalara girişmeden evvel anne-babalar önce kendi hatalı davranışlarından döner ve tövbe eder, çocukları uygun bir şekilde yetiştirmenin mücadelesini verir ve her şeyi Tanrı'ya teslim ederlerse, Tanrı onlara bilgelik verir ve hem anne-babaların hem de çocukların iyiliği için çalışır.

Bu nedenle eğer kiliseye geliyor ve çocuklarınızla yaşadığınız sıkıntılara, hastalıklara, parasal sorun ve bunun gibi şeylere yanıt almaya çabalıyorsanız, acil oruçlar tutmak, dua etmek ya da gece boyu yakarmak yerine, önce sizinle Tanrı arasında ki kanalı neyin tıkadığını gerçeğin ışığında keşfetmeli, tövbe etmeli ve hatalı yolunuzdan dönmek için dua etmelisiniz. Ancak bundan sonra sizler Kutsal Ruh'un rehberliğini alırken, Tanrı' da iyiliğiniz için çalışacaktır. Eğer sözü anlamak, duymak ve söze göre yaşamak için çabalamıyorsanız dualarınız size Tanrı'nın yanıtlarını getirmeyecektir.

İnsanların tam anlamıyla gerçeği kavramakta ve Tanrı'nın gerek kutsama gerekse yanıtlarını almakta başarısız olduğu pek çok durum vardır. Her birimiz kurtuluşumuzdan emin olarak ve Tanrı'nın isteklerine göre yaşayarak (Yasa'nın Tekrarı 28:1-14) yüreklerimizin isteklerini gerçekleştirebilmeliyiz.

3. Üçüncü Olarak, Eylemlerinizle Tanrı'yı Hoşnut Etmelisiniz

Yaratan Tanrı'yı tanıyan ve İsa Mesih'in Kurtarıcıları olduğuna iman eden bir kişi gerçeği öğrenip te aydınlandıkça, gönlü huzur içinde olur. Ayrıca Tanrı'nın yüreğini keşfettikçe Tanrı'yı hoşnut eden bir yaşam sürdürebilir. Henüz iki ya da üç yaşındaki çocuklar her ne kadar anne-babalarını hoşnut edecek yolları bilmeseler de, bir kere ergenlik ve yetişkinliğe eriştikten sonra onları nasıl memnun edeceklerini öğrenmiş olurlar. Tıpkı bunun gibi, Tanrı'nın çocukları ne kadar gerçeği kavrar ve gerçeğe göre yaşarsa, Baba'yı hoşnut etmeleri de o kadar büyük olur.

Tekrar ve tekrar Kutsal Kitap bizlere imanda ki atalarımızın Tanrı'yı hoşnut ederek dualarına nasıl yanıt aldıklarını anlatır. İbrahim Tanrı'yı nasıl hoşnut etti?

İbrahim her zaman barış ve kutsallık için çabaladı ve yaşadı (Yaratılış 13:9), bedeni, yüreği ve zihniyle Tanrı'ya hizmet etti (Yaratılış 18:1-10) ve kendine has hiçbir düşünceyi katmadan bütünüyle Tanrı'ya itaat etti (İbraniler 11:19; Yaratılış 22:12) çünkü Tanrı'nın ölüyü dirilteceğine inanıyordu. Bunun sonucunda çocukların kutsanması, mali durumun kutsanması, iyi sağlığın kutsanması ve bunun gibi çeşit çeşit kutsama olan "Rab sağlar" ya da Jehovahjireh kutsamasını aldı" (Yaratılış

22:16-18, 24:1).

Tanrı'nın kutsamasını almak için Nuh ne yaptı? Nuh doğru bir insandı. Çağdaşları arasında kusursuz biriydi. Tanrı yolunda yürüdü (Yaratılış 6:9). Suyun yargısıyla tüm dünya sular altında kaldığında sadece Nuh ve ailesi yargıdan sakınabildi ve kurtuluşa eriştiler. Nuh, Tanrı ile yürüdüğünden ve O'nun sesine kulak verdiğinden bir gemi hazırladı ve ailesini kurtuluşa taşıdı.

1. Krallar 17:8-16 ayetlerinde ki Sarefatlı dul, İsrail'de ki üç buçuk yıllık kuraklık döneminde Tanrı kulu İlyas için yüreğine iman tohumlarını ektiğinde olağanüstü şekilde kutsandı. İlyas'a itaat ettiği ve bir avuç un ve azıcık yağ ile ekmek yaparak ilyas'a hizmet ettiği için Tanrı onu kutsadı ve *"Toprağa yağmur düşünceye dek küpten un, çömlekten yağ eksilmeyecek"* (ayet 14) sözlerinin yerini bulmasını sağladı.

2. Krallar 4:8-17 ayetlerinde ki Şunemli kadın, Tanrı kulu Elişa'ya azami alaka ve hürmetle hizmet ve muamele ettiğinden, bir erkek çocuk dünyaya getirmekle kutsandı. Şunemli kadın Tanrı'dan karşılığında bir şey beklediği için değil ama Tanrı'yı yürekten tüm samimiyetiyle sevdiği için O'nun kuluna hizmet etti. Böyle bir kadının Tanrı'nın kutsamalarını alması mantıksız mı?

Ayrıca Daniel ve üç arkadaşının imanından Tanrı'nın tamamıyla hoşnut olduğunu söylemek hiçte zor olmaz. Tanrı'ya dua ettiği için aslan çukuruna atılmasına rağmen hiçbir yara almadan çukurdan çıkabildi çünkü Tanrı'ya güvendi (Daniel 6:16-23). Daniel'in üç arkadaşı, putlara tapınmadıkları için birbirine bağlanıp fırına atılmış olmalarına rağmen hiçbir yanık almadan Tanrı'yı yücelterek fırından çıktılar (Daniel 3:19-26).

Matta 8'de ki Yüzbaşı, Tanrı'yı büyük imanıyla hoşnut edebilmiş ve imanına göre O'nun yanıtını almıştı. İsa'ya uşağının felç olduğunu ve acılar içinde yattığını söylediğinde, İsa'da evine gelip uşağını iyileştireceğini söylemişti. Ancak Yüzbaşı İsa'ya, *"Yeter ki bir söz söyle, uşağım iyileşir,"* (ayet 8) dediğinde ve gerek büyük imanını ve gerekse uşağına olan sevgisini gösterdiğinde, İsa, *"Ben İsrail'de böyle imanı olan birini görmedim"* (ayet 10) diyerek kendisine olan hayranlığını göstermişti. Her birey imanına göre Tanrı'dan yanıt aldığından, yüzbaşının uşağı o anda iyileşti. Haleluya!

Daha da var! Markos 5:25-34 ayetlerinde on iki sene boyunca kanamadan çeken bir kadının imanıyla karşılaşırız. Onca doktorun bakımına ve harcanılan onca paraya rağmen, durumu kötüleşmeye devam etmişti. İsa ile ilgili haberleri duyduğunda, kadın sadece O'nun giysilerine dokunarak bile iyileşeceğine inandı. İsa'nın arkasından gelip giysisine dokunduğunda, kadın o anda iyileşti.

Elçilerin İşleri 10:1-8'de bahsi geçen Kornelius adında ki yüzbaşının nasıl bir yüreği vardı ve Yahudi olmayan bu kişi Tanrı'ya nasıl hizmet etti ki tüm ailesi kurtuluşa nail oldu?

Dindar bir adamdı. Hem kendisi hem de bütün ev halkı Tanrı'dan korkardı. Halka çok yardımda bulunur, Tanrı'ya sürekli dua ederdi. Bu nedenle duaları ve sadakaları anılmak üzere Tanrı katına ulaştı. Böylece Petrus, Tanrı'ya tapınmak için onun evine geldi ve Kutsal Ruh, Kornelius'un ailesinde ki herkesin üzerine indi, bilinmeyen dillerde konuşmaya başladılar.

Elçilerin İşleri 9:36-42 ayetlerinde her zaman yoksula yardım eden ve iyilik yapan ama hastalanarak ölen Tabita (Yunanca çeviride ceylan anlamına gelir) adında bir kadını buluruz. Öğrencilerin çağırmasıyla kalkıp gelen Petrus diz çökerek dua etti ve Tabita hayata geri döndü.

Tanrı'nın çocukları vazifelerini yerine getirip Baba'yı hoşnut ettiklerinde, yaşayan Tanrı onların yüreklerinin isteklerini yerine getirir ve onlar için her şey yolunda gider. Bu gerçeğe tüm kalbimizle inandığımız takdirde yaşamlarımız boyunca her zaman Tanrı'dan yanıt alırız.

Konsültasyon ve konuşmalarım esnasında zaman zaman bir zamanlar büyük imanları olan, kiliseye gayet güzel hizmetlerde bulunan ve bağlı kalan ama sınama ve sıkıntılar zamanı Tanrı'yı terk eden insanları dinlerim. Her defasında insanların ruhani dünyanın ayrımını yapamamalarından yüreğim burkulur.

Eğer insanlar gerçek bir imana sahiplerse, önlerine bir sınama çıksa dahi Tanrı'ya yüz çevirmezler. Eğer ruhani imanları varsa, sınamaların ve sıkıntıların olduğu zaman da sevinç ve şükran içinde olur ve dua ederler. Tanrı'ya ihanet etmez, ayartılmaz ya da O'nun yolunda tökezlemezler. Bazı zamanlar insanlar kutsama alma umuduyla sadık olabilir veya başkaları tarafından itibar görebilirler. Ancak imanın duası ve tesadüflerin umuduyla edilen dualar, kendilerine has sonuçlarıyla kolayca birbirlerinden ayırt edilebilir. Eğer bir kişi ruhani imanla dua ediyorsa, dualarını mutlaka Tanrı'nın hoşnut olduğu eylemleri izleyecektir ve yüreğinin istekleri bir bir yerine gelirken Tanrı'yı oldukça yüceltecektir.

Rehberimiz Kutsal Kitap ile imanda ki atalarımızın Tanrı'ya imanlarını nasıl gösterdiklerini ve nasıl bir yürekle Tanrı'yı hoşnut edip yüreklerinin isteklerini yerine getirdiklerini inceledik. Tanrı, kendisini hoşnut eden herkesi, kendisini hoşnut eden ve yaşama geri döndürülen Tabita, kendisini hoşnut ettiği için bir oğulla kutsanan Şunemli çocuksuz kadın ve yine kendisini hoşnut eden ve on iki sene kanamadan çeken kadın da olduğu gibi kutsar. Tanrı'ya inanalım ve gözlerimizi O'na sabitleyelim.

Tanrı bize şöyle der: *"Elimden gelirse mi?; İman eden biri için her şey mümkün!"* (Markos 9:23) Tüm sorunlarımızı sonlandıracağına, imanımızla, hastalıklarımızla, çocuklarımızla ve mali durumumuzla ilgili tüm sorunları bütünüyle O'na teslim edip O'na güvendiğimizde, kesinlikle bizim için gerekeni yapacaktır (Mezmurlar 37:5).

Yalan söylemeyen ama söylediğini yapan Tanrı'yı hoşnut ederek her birinizin yüreklerinin arzusunu gerçekleştirmesi, Tanrı'yı oldukça yüceltmesi ve kutsanmış yaşamlar sürdürmesi için İsa Mesih'in adıyla dua ediyorum.

Yazar:
Dr. Jaerock Lee

Dr. Jaerock Lee, 1943 yılında Kore Cumhuriyeti'nin Jeonnam eyaletine bağlı Muan'da doğdu. Yirmili yaşlarında yedi yıl süren ve tedavisi mümkün olmayan birçok hastalıktan çekti ve iyileşme umudu olmadan ölümü bekledi. Fakat 1947 yılının bir bahar gününde, kız kardeşi tarafından bir kiliseye götürüldü ve orada dizlerinin üzerine dua etmek için çöktüğü anda, Yaşayan Tanrı, O'nu tüm hastalıklarından bir anda iyileştirdi.

Dr. Lee, bu olağanüstü tecrübenin akabinde karşılaştığı Yaşayan Tanrı'yı o andan itibaren tüm kalbi ve samimiyetiyle sevdi ve 1978 yılında Tanrı'ya hizmet için göreve çağrıldı. Tanrı'nın isteğini tüm berraklığıyla anlayabilmek, bütünüyle yerine getirmek için kendini adayarak dua etti ve Tanrı'nın Sözüne itaat etti. 1982 senesinde Seul, Kore'de Manmin kilisesini kurdu ve bu kilisede mucizevî şifa, belirti ve harikalar gibi Tanrı'nın sayısız işleri meydana gelmektedir.

Dr. Lee, 1986 yılında Kore İsa'nın Sungkyul kilisesinin senelik toplantısında papazlığa atandı ve 1990 yılında vaazları Avustralya, Rusya ve Filipinlerde yayınlanmaya başladı; Uzakdoğu Radyo Yayın Şirketi, Asya Radyo İstasyonu ve Washington Hıristiyan Radyo Sistem yayıncılık şirketleri vesilesiyle kısa zamanda pek çok ülkeye daha ulaşıldı.

1993 yılında Manmin Kilisesi Hıristiyan Dünya dergisi (ABD) tarafından "Dünyanın önde gelen 50 Kilisesi"nden biri seçildi ve Dr. Lee, Florida, ABD'de bulunan Christian Faith Üniversitesi İlahiyat Fakültesinden fahri doktora derecesini aldı. 1996 yılında ise Iowa, ABD Kingsway Theological Seminary'de papazlık üzerine doktorasını yaptı.

1993 yılından beri Dr. Lee, Tanzanya, Arjantin, Los Angeles, Baltimore City, Hawaii ve ABD New York, Uganda, Japonya, Pakistan, Kenya, Filipinler, Honduras, Hindistan, Rusya, Almanya, Peru, Kongo Demokratik Cumhuriyeti, İsrail ve Estonya olmak üzere pek çok yurtdışı misyonerlik faaliyetiyle dünyaya İncil'in müjdesini duyurmaktadır.

2002 yılında, çeşitli yurtdışı misyon faaliyetlerindeki güçlü vaizliği için, Kore'nin önde gelen Hıristiyan gazeteleri tarafından "Dünya Çapında Dirilişçi" kabul edilmiştir. Özellikle öne çıkan, dünyanın en ünlü arenası olan Madison Square Garden'da 2006 yılında gerçekleştirilen New York

Seferi'dir; etkinlik 220 ülkede yayınlanmıştır. 2009 yılında Kudüs Uluslararası Kongre Merkezi'nde gerçekleştirilen "Birleşmiş İsrail Seferi'nde", cesurca İsa'nın Mesih ve Kurtarıcı olduğunu ilan etmiştir.

GCN TV dâhil olmak üzere, uydular aracılığıyla vaazları 176 ülkede yayınlanmaktadır. Popüler Rus Hristiyan dergisi *In Victory* tarafından 2009 ve 2010 yıllarının en önde gelen 10 etkin Hristiyan önderlerinden biri, *Christian Telegraph* haber ajansı tarafından ise güçlü TV yayıncılığıyla vaaz ve yurtdışı kilise faaliyetleri için etkin bir önder seçilmiştir.

Temmuz 2018 tarihi itibarıyla Manmin Merkez Kilisesi'nin 130,000'den fazla cemaat üyesi bulunmaktadır. 56 yerel kilisesi dâhil olmak üzere dünya çapında 10,000 şube kilisesi bulunmaktadır ve Amerika Birleşik Devletleri, Rusya, Almanya, Kanada, Japonya, Çin, Fransa, Hindistan, Kenya ve daha fazlası olmak üzere 26 ülkeye 102'dan fazla rahip atamıştır.

En çok satanlar listesinde *Ölümden Önce Sonsuz Yaşamı Tatma, Hayatım ve İmanım I&II, Çarmıhın Mesajı, İmanın Ölçüsü, Göksel Egemenlik I&II, Cehennem, Uyan İsrail, Tanrı'nın Gücü* olmak üzere, bu kitabın yayınlanış tarihi itibarıyla 112 kitap yazmış ve kitapları 76'dan fazla dile çevrilmiştir.

Dini makaleleri *The Hankook Ilbo, The JoongAng Daily, The Chosun Ilbo, The Dong-A Ilbo, The Munhwa Ilbo, The Seoul Shinmun, The Hankyoreh Shinmun, The Kyunghyang Shinmun, The Korea Economic Daily, The Shisa News*, ve *The Christian Press* dergi ve gazetelerinde yayınlanmaktadır.

Dr. Lee şu anda birçok misyonerlik kuruluşunun ve derneğinin kurucusu ve başkanıdır. Bunlardan bazıları şunlardır: İsa Mesih'in Birleşmiş Kutsallık Kilisesi (The United Holiness Church of Jesus Christ) Dünya Hristiyanlığı Diriliş Misyonu Derneği (The World Christianity Revival Mission Association) Daimi Başkanı; Global Hristiyan Network (GCB-Global Christian Network)) Kurucusu ve Yönetim Kurulu Başkanı; Dünya Hristiyan Doktorları (WCDN- The World Christan Doctors Network) Kurucusu ve Yönetim Kurulu Başkanı; Manmin Uluslararası İlahiyat Okulu (MIS-Manmin International Seminary) Kurucusu ve Yönetim Kurulu Başkanı.

Aynı Yazar Tarafından Yazılmış Diğer Etkili Kitaplar

Göksel Egemenlik I & II

Göksel ahalinin keyfine vardığı muhteşem güzellikte ki yaşama ortamının detaylı bir taslağı ve göksel egemenliğin farklı katlarının güzel bir açıklaması.

Çarmıhın Mesajı

Ruhani uykuda olan tüm insanların uyanmasını sağlayan güçlü bir mesaj! Bu kitapta İsa'nın niçin tek Kurtarıcı olduğunu ve Tanrı'nın gerçek sevgisini keşfedeceksiniz.

Cehennem

Tek bir canın bile cehennemin derinliklerine düşmesini arzu etmeyen Tanrı'dan tüm insanlığa içten bir mesaj! Aşağı ölüler diyarı ve cehennemin daha önce hiç açıklanmamış acımasız gerçeğini keşfedeceksiniz.

Ruh, Can ve Beden I & II

Ruh, can ve beden hakkında ruhani kavrayışa sahip olmamızı ve nasıl bir özden yaratıldığımızı keşfetmemizi sağlayan bu rehber kitap sayesinde karanlığı yenilgiye uğratmak ve ruhun insanına dönüşmek için güce sahip olabiliriz.

İmanın Ölçüsü

Sizin için gökler nasıl bir yer, ne tip bir taç ve ödül hazırlandı? Bu kitap sizlere imanınızı ölçebilmeniz ve en iyi ve en olgun imana sahip olabilmeniz için bilgi ve rehberlik sağlar.

Uyan İsrail

Niçin dünyanın başından günümüze kadar Tanrı gözlerini srail'den ayırmamıştır? Tanrı bu son günlerde İsrail için nasıl bir takdiri ilahi hazırlamıştır? Bu kitap, Mesih ile İsrail arasında ki ilişkiye ve Tanrı'nın İsrail için planladıklarına ışık tutar.

Hayatım ve İmanım I & II

Karanlık dalgalar, evlilik sorunları ve derin çaresizliklerle geçen yaşamı, Tanrı'nın sevgisiyle tekrar doğan ve okuyucularına hoş kokulu ruhani aroma yayan Dr. Jaerock Lee'nin otobiyografisi.

Tanrı'nın Gücü

Bir kişinin gerçek imana sahip olması ve Tanrı'nın olağanüstü gücünü deneyim etmesinde temel kılavuz görevi gören ve mutlaka okunması gereken bir kitap.

www.urimbooks.com

www.ingramcontent.com/pod-product-compliance
Lightning Source LLC
LaVergne TN
LVHW092055060526
838201LV00047B/1410